群众文化活动创意发展研究

李晓娜 ⊙ 著

九州出版社
JIUZHOUPRESS

图书在版编目（CIP）数据

群众文化活动创意发展研究 / 李晓娜著 . -- 北京：
九州出版社 , 2024.7.
　　ISBN 978-7-5225-3229-5

　Ⅰ . G249.2

中国国家版本馆 CIP 数据核字第 2024LH2316 号

群众文化活动创意发展研究

作　　者　李晓娜　著
责任编辑　姬登杰
出版发行　九州出版社
地　　址　北京市西城区阜外大街甲 35 号 (100037)
发行电话　(010)68992190/3/5/6
网　　址　www.jiuzhoupress.com
印　　刷　河北赛文印刷有限公司
开　　本　710 毫米 ×1000 毫米　　16 开
印　　张　15
字　　数　214 千字
版　　次　2024 年 7 月第 1 版
印　　次　2024 年 7 月第 1 次印刷
书　　号　ISBN 978-7-5225-3229-5
定　　价　76.00 元

前言

QIANYAN

　　文化是民族精神的结晶，彰显社会内涵。基层文化更是灵动的智慧，散发着独特的光彩。基层文化建设一直是我国文化发展的重中之重。近年来，政府大力提升基层文化设施建设，开展各种文化惠民活动，使得人民群众在繁忙的工作之余，放松身心，丰富业余生活。同时，政府也以各类文化活动为载体，大力宣传党的惠民政策和先进理论，引导群众参与党的各项政策落实工作。

　　只有基层文化阵地活起来，百姓的精神才能富起来，国家才能更加稳步快速发展。但令人遗憾的是，我国的基层文化建设存在内容低质、流于形式、群众参与度低等诸多问题。为此，我们要激发群众热情，创新服务方式，加快基层文化供给侧结构性改革，更好地保障人民群众基本文化权益。

　　激发群众参与热情，政府要转变基层文化服务思路。既要在文化领域简政放权，给予群众参与文化的空间和自由，又要建立文化活动组织，打造人才队伍，也要搭好"戏台"，让群众"点菜"。基层文化服务应始终面向群众，以群众为中心，群众的满意度、参与度才是基层文化建设的出发点和落脚点。

　　创新文化服务方式，需要在传承的基础上创新。不断盘活传统文化资源，挖掘文化特色，探索文化服务新模式，并借助互联网手段，丰富文化供给内容，让群众拥有更多的选择权。传统文化资源的改造与更新是创新文化服务最便捷有效的方式。如今，祠堂、校舍、明清建筑等闲置资源都被重新改造，打造为民众从事文化活动的空间，转变成新时代的"精神高地"；图书馆也改变了原有的模式，开启免费借阅，优化借阅环境，创新借阅方式，让阅读成为老百姓幸福生活的精神滋养；互联网已变成创新文化服务方式的"刚需"，从"农村书屋＋电商"的兴起到"网红"经济的出现，再到各类文化便民 APP 的研发，互联网掀起了文化服务的新浪潮。

文化植根于大地，植根于民间，应当从群众中来，到群众中去。唯有不断激发群众参与热情，创新服务方式，推动文化产业化发展，文化才能走近群众，深入人心。

引导群众参与文化服务工作，让文化焕发生机、代代相传。基层文化是扎根于本土、承载着地方特色和人民意识的文化，它反映了广大人民群众的思维方式和价值观念。引导群众积极参与基层文化建设，激发他们对文化建设的热情，有助于深入挖掘地方文化特色，使本土文化源远流长，文化火种代代相传。

引导群众参与文化服务工作，助推经济快速发展。随着互联网的兴起，经济增长模式发生了显著变化，电子商务成为新的经济增长点，推动国民生产总值持续增长。在农村地区，由于科技水平相对滞后，电子商务的发展受到一定制约。然而，随着互联网、电脑和手机走入农村，村民们积极参与互联网文化，农村电子商务开始崭露头角。文化的发展必然推动经济的腾飞。当越来越多的互联网知识进入千家万户的农村，农村电子商务的兴起成为必然趋势。因此，我们需要不断加强引导，让群众积极参与基层文化建设，实现精神和物质双重收获。

引导群众参与文化服务工作，引领精神文明建设。文化有助于培养人的气质和塑造人的品格，发展基层文化对于提升人的素质和推进社会精神文明建设至关重要。创新基层文化服务方式，引导群众参与其中，享受文化的乐趣，有助于营造和谐的社会氛围。近年来，赌博恶习在农村地区不断蔓延，导致部分家庭矛盾不断，传统乡村的和谐氛围逐渐破裂。这主要是由于文化服务的缺失，造成了精神上的空虚。因此，引导群众积极参与基层文化生活至关重要。这不仅可以抵制低俗文化在基层的传播，更能维护传统乡村的和谐氛围。

当前国家正推动供给侧改革浪潮，基层群众文化服务应紧跟时代潮流，顺势而为，满足群众需求，激发群众热情。从政府"端菜"到群众"点菜"，引导群众积极参与基层文化服务，实现乡土文化的传承，推动经济建设蓬勃发展，实现精神文明和谐共生。

随着国家实力的增强，公共文化服务体系得到加强，群众文化工作迎来了前所未有的机遇。然而，对于群众文化的深入研究还存在许多值得关注的课题。群众文化事业已站在新的历史起点，面对新的发展形势，各级政府文化部门近年来出台了一系列新的政策法规和措施。然而，这些新政策的理论研究和阐释仍有不足之处，许多课题尚未引起专业研究人员的关注。此外，目前缺乏公开发行的国家级群众文化理论刊物，虽然文化部主管的《中国文化报》有群众文化版面，但由于报纸的特性，理论文章的刊登较少。任何实践都需要有理论指导，群众文化的发展也不能在没有理论指导的情况下盲目推进。

因此，群众文化的学科建设和理论研究应引起相关部门和社会各方的高度重视，采取有力措施，取得新的突破。只有加强对群众文化的理论研究，形成科学的指导思想和方法，才能更好地推动群众文化的发展，满足人民群众的精神文化需求，促进社会的繁荣和进步。

目前，在教材上，由文旅部委托编写的《群众文化学》《群众文化管理学》《群众文化辅导学》可以说是学科建设的奠基之作；在科研上，由中国群众文化学会和中国文化报社主办的每年一次的全国群众文化论文评奖活动坚持数载，群星奖也曾设立过"群众文化科研成果"评奖，架设了"出人才、出理论"的桥梁，对群众文化理论建设起到了重要作用。对于高端的研究课题，还可采取申报研究课题的方法，由文旅部支持、中国群众文化学会主办，地方各级群众文化学会、群艺馆、文化馆立项申报或联合申报。另外，在行业规范、标准化建设、专业技术人员考核等专业化建设方面都应是学科建设的题中应有之义。

我国现在还没有群众文化专业，从事群众文化工作的人员主要是艺术类的专业人员，也包括其他各个门类的专业人员，他们有专业技能、有从事群众文化的热情，这是难能可贵的。但是，群众文化不同于专业文化和文化产业，有其特殊的规律性。从事群众文化工作的人员应当掌握群众文化的基本理论和基本方法。《群众文化活动创意发展研究》是一本具有重要出版价值的书籍。它探讨了群众文化活动的创意发展，旨在提供对群众文化活动的深入理解和启发，为相关领域的研究者、从业者以及对群众文化感兴趣的读者提供有价值的知识。

目录
MULU

第一章

群众文化与群众文化需求

随着人民群众对文化的需求日益提高，传统方式展开的群众文化活动往往无法满足人们的期望。因此，加强对新形势下群众文化建设与发展的研究变得尤为重要。群众文化建设是我国文化建设的重要组成部分，也是衡量地方文化繁荣与发展程度的主要标志。加快群众文化建设对于满足人民群众日益增长的基本文化权益、促进个人全面发展、构建社会主义和谐社会具有重要意义。然而，随着社会的进步和人民生活水平的提高，人们对文化的要求也随之增加。传统方式展开的群众文化活动往往无法与时俱进，无法满足人们对多样化、高品质文化体验的追求。因此，我们需要加强对新形势下群众文化建设的研究，探索创新的方式和手段，以适应人民群众对文化的新需求。

群众文化活动的基本内涵

群众文化古已有之，它的产生与人类发展的历史进程是同步的，其发育、发展也呈现出明显的历史阶段性。人类文化艺术发展至今所取得的各种灿烂夺目的成果，都是在群众文化的沃土中生长出来的。不少学者都对群众文化进行了深入的研究，对于什么是群众文化也有着各自的理解。

一、群众文化概述

文化是人类在长期的历史发展中创造的一种模式和符号，涵盖了广义文化和狭义文化两个层面。广义文化指的是人类共同创造并依赖于其物质和精神成果的现象，包括物质文化和精神文化。狭义文化，也称为人文文化，是特定社会群体在历史发展中所积累和传承的人文精神和物质体现。

群众文化是指人民群众自我开展的、以满足自身精神生活需求为目的的社会历史现象。它以文学艺术为核心内容，涉及科学技术、体育、教育、娱乐等各个方面的人们文化生活。群众文化是一种极其广泛且丰富的社会文化现象，作为人类社会生活和精神生活的重要组成部分，它是一种复合的社会意识形态，属于社会的上层建筑之一。

《群众文化学》[①]一书中认为，群众文化是一个特定的文化类型，具有特定的含义。群众文化是人们除职业之外，自我参与、自我娱乐、自我开发的社会性文化。群众文化是一个集合概念，它是包含着群众文化活动、群众文化工作、群众文化事业和群众文化队伍在内的具体概念。

---

① 郑永富. 群众文化学 [M]. 北京：中国国际广播出版社，2001.

《群众文化基础知识》[①]一书中,对于群众文化的概念又是这样叙述的:"群众文化的概念包括了两个方面的含义。从文化现象层面讲,群众文化是人民群众以自身为活动主体,以文学艺术为主要内容,以满足自身精神文化生活需求为目的的社会历史现象,是人民群众在闲暇时间,按美的规律,自我参与、自我娱乐、自我开发的社会性文化。"

在文化建设的层面上,群众文化是中国独特的社会文化现象,是中国特色社会主义文化的重要组成部分。群众文化包括群众的文化生活形态、群众文化活动、群众文化工作以及与之相适应的制度、组织、机构和设施等各种要素的集合体。需要注意的是,群众文化并不仅仅是将"群众"和"文化"两个词简单地组合在一起,而是一种特殊的文化类型,具有特定的含义和内涵。尽管"群众文化"的概念和内涵存在一定的表述差异,但他们的定义中仍然存在许多共同因素。很多时候,群众文化被视为"业余"的文化,这种认识上的偏差既损害了人民群众在文化中的主体地位,又不可避免地带来了文化发展上的一系列问题。因此,我们需要深入思考这个问题,正确认识和重视群众文化的本质,以更好地发展和推动群众文化事业。

群众文化是人民群众创造的文化,它是整个文化活动的基础。相对于专业文化而言,群众文化是由广大群众参与和创造的文化活动。人民群众是文化的创造者,而群众文化的演进和提升则构成了整个文化发展的历史。在文化的发展过程中,文化工作者将群众创造的各种文化内容进行归纳、提升和凝练,形成有规则的形式。这些形式凝聚了广大人民群众对世界和自身的历史认知和现实感受,积淀了最深厚的精神追求和行为准则。人民群众在自由平等的环境中创造文化,在文化活动中体现了文化民主,表达了他们自己的文化主张和诉求。通过参与文化活动,人民群众不仅仅获得简单的精神愉悦,更重要的是表达了对生命和人格的文化认同,表达了人民自身的文化尊严。群众文化赋予了人民群众一种自主创造

① 周爱宝.群众文化基础知识[M].北京:高等教育出版社,2004.

的权力，使他们能够在文化领域中自由地表达和展示自己，塑造自己的文化身份。因此，群众文化是人民群众创造和参与的文化，在社会文化活动中扮演着重要角色，是文化的基础和根源。

群众文化是孕育、滋养专业文化的丰厚土壤。专业文化从丰富的群众文化中产生，无论多么精致的文艺形式，追根溯源，一定来自群众的原始创造。没有群众文化的淬炼积累，不会有精彩的专业文化形式。在群众文化中浸润成长并脱颖而出的文艺人才，才有长久的生命力和影响力。群众文化是培育优秀文艺作品的沃土，文艺史上无数经典之作萌芽于群众文化之中。没有众多的群众自创作品的披沙拣金，就难有艺术精品的诞生。虽然经过千万年的历练淘洗，众多精致的文艺形式已远离了群众原始创造，众多的艺术经典与群众文化作品相比有了文野之分，今天的文艺人才也多从专业艺术学校产生，但是群众文化与专业艺术的源流之分依然不能颠倒。诗歌由民歌出，小说由白话出，美声是经过改造的"原生态"，各种各样的舞蹈是民间美的提炼和创造。深入开展普及群众文化活动是为专业艺术生产提供基础、资源和强大保障，是从源头抓起，保证优秀文艺作品生产可持续发展的根本之道。

群众文化是专业文化孕育和滋养的肥沃土壤。专业文化的丰富多样源于群众文化的创造力。无论多么精致的文艺形式，其根源都可以追溯到群众的原始创造。没有群众文化的淬炼和积累，就不会有引人注目的专业文化形式。在群众文化中涌现并脱颖而出的文艺人才才能拥有长久的生命力和影响力。群众文化是培育优秀文艺作品的肥沃土地，许多文艺经典作品都在群众文化中孕育而生。没有大量群众自发创作的杰出作品，就难以诞生艺术精品。

尽管经过漫长的历史沉淀，许多精致的文艺形式已经远离了群众的原始创造，许多艺术经典与群众文化作品之间存在着差异，而今天的文艺人才也多数来自专业艺术学校。但群众文化与专业艺术的渊源关系仍然不可颠倒。诗歌源于民歌，小说源于白话，美声是对"原生态"声音的改造，各种舞蹈形式提炼了民间美的创造。广泛开展群众文化活动为专业艺术创作提供了基础、资源和强大保障，这是从源头抓起，确保优秀文艺作品生产可持续发展的根本途径。

二、群众文化活动

《群众文化学》也对"群众文化活动"作出了解释：人民群众直接参与的各种精神文化的活动。群众文化活动是产生群众文化事业，开辟群众文化工作，形成群众文化理论的基础。群众文化活动的范围十分广阔，包括文艺创作、文艺演出等。还有的学者也对群众文化活动做过解释，认为"群众文化活动是人民群众以满足自身的精神生活和知识需求为目的的自娱自乐、自我教育、自我学习、自我完善和掌握文化、创造文化艺术的活动，是一种社会历史现象"。

在此，我们不妨对"群众艺术活动"给出一个相对的范畴：它属于"群众文化活动"中的一部分，即群众直接参与的主要涉及文学、戏剧、曲艺、美术、音乐、舞蹈、电影等形式的各类活动。

群众文化活动作为人们在日常生活中的主要娱乐方式，通常是以自娱自乐为目的，通过相应的娱乐方式，来满足自己的精神需求。这种活动主要有以下两个特点。首先，人民群众是活动的主体，活动只是作为客体而存在的；其次，活动内容较为广泛，其中包括舞蹈、表演、歌唱等，但无论何种形式，都有一个共同的特点，即都是以娱乐为目的。开展群众文化活动，可以拉近社会中人与人之间的距离，创建更加和谐的社会环境，从而使我国社会向着更加良好的方向发展。而且在群众文化的开展过程中，还可以宣传相应的主导文化，对人民群众具有一定的教育意义。群众文化活动长久开展之后，这种宣传可以对群众产生潜移默化的影响，群众可以在教育中受到相应的启发，提高总体素质，进一步推动我国的精神文明的建设。

人民群众不仅是推动历史进步的主体，也是文化创新创造的主体。因此，在文化创新过程中，必须认清广大人民群众的力量和作用，并且充分发挥和调动人民群众的积极性。

首先，我们需要不断加强基层宣传文化人才队伍的建设，以补齐基层文化发展的短板。在全国文化发展中，由于各地的历史和地理环境差异，一些贫困地区和偏远地区的宣传文化人才队伍相对薄弱，缺乏创新力，甚至无法满足基本的文化需求。为了改善这种状况，我们应该完善激励机制，表彰那些长期在基层工作、培养乡土文化能人、传承民族民间文化和参与各类文化活动的骨干人才。同时，我们可以推动地方与高校以联合共建等模式，积极发展文化志愿者队伍，鼓励社会各界提供公共文化服务并参与基层文化活动。

其次，我们需要积极激发人民群众的创造热情和积极性。人民群众的主体地位意味着他们不仅是物质和精神财富的共同享有者，也是这些财富的创造者。随着我国社会生产力的提高，人民群众的物质生活得到了改善，精神文化需求也日益凸显。满足人民群众的精神文化需求需要依靠文化产业的发展和文化事业的繁荣，而最根本的还是依靠人民群众自身不断创造精神财富和文化产品，满足自身发展的需求。

因此，在保障人民群众享有丰富的精神财富和文化产品的同时，我们应当深入人民群众中，不断激发他们的创造热情和积极性，推动全社会的精神财富和文化产品的创造和创新。我们可以积极支持人民群众合法创办各种形式多样、特色鲜明的文化团体和文体活动，丰富人民群众的精神文化产品的创造形式和内容。及时引导和总结人民群众的创造经验和成果，鼓励他们创造融入时代气息、积极向上的优秀精神文化产品。通过这些努力，我们可以营造良好的氛围和环境，不断增强广大人民群众在精神文化产品生产创作方面的积极性。

基于对于群众文化以及群众文化活动的梳理，我们可以对中国现代的群众文化作出相应的理解和分析。

第一，群众文化的界定。

简单地说，群众文化研究的对象是群众艺术活动，通过对群众艺术活动的提炼、概括，总结并升华出群众艺术活动中所包含的文化意义。因此，结合前文中相关的概念分析，中国当代的群众文化可以定义为，中华人民共和国成立后，人民群众在职业以外进行的，以自身为活动主体直接参与的以文学、戏剧、曲艺、美术、音乐、舞蹈、电影等为主要内容，以满足自身精神文化生活需求为目的，按美的规律，自我娱乐、自我开发的社会性文化。

第二，群众文化的主体。

群众在中国古代指许多人的聚合体。近代西方文明传入之后，"群众"被赋予了政治含义，上升为政治主语。在消灭了剥削阶级的社会里，群众泛指人民大众。

人民群众是群众文化发展的驱动者和调节、支配力量，他们以自己的审美意识和创造能力驾驭群众与文化的客体，进行群众文化的继承和创新，他们推动着群众文化不断发育、成长、更新，推动着群众文化随着社会的进程而不断发展。

这种主体地位体现在对相应文化形式与内容的选择、评判等方面。具体说来，即是人民群众通过相应的文化来反映自己的生活状态或变革要求，表达自己的愿望，抒发自己的情感。

第三，群众文化的特点。

群众文化具有普遍意义上的自娱性，它的艺术要求不高，老少皆宜，可同时容纳较多人数的参加。民间演出队伍和群众俱乐部的成立都是这一特征的典型体现。群众参与其中，享受到艺术活动带给他们的快乐。因为，群众艺术质朴，作品来源于生活，所表达的情感也较为亲切，所以当群众在欣赏时更容易触发自身的生活感受，并享受其中的美。当然这就注定了其风格的通俗性：形式要简单，场地须便捷，必须是"下里巴人"，易学易用，否则就无法得到人民群众的喜爱。

新中国成立初期的群众文化，无论从文学创作还是歌舞戏剧表演的角度来看，都鲜明地反映出当时人们的真情实感以及人们对于新社会、新生活的热情和对于建设国家的激情。群众文化扎根于民间，来源于群众，而一切文化产品的创作者，从观察生活、选择题材到形成作品，都体现了人们对于现实生活的态度和评价，都反映了一定的政治、思想、审美的倾向性。群众文化也是一样，其倾向性主要是指反映在群众文化中的阶级立场、政治思想和审美意识所体现的方向。

群众文化活动开展，是共享改革发展成果、推进精神文明建设、丰富群众文化生活、构建和谐社会的重要内容，地方政府责无旁贷，需要采取措施，给予鼓励、支持。一是开展节日文化活动。如春节期间，举办文学艺术界迎新春联欢晚会、春节团拜会和迎新春文艺汇演；组织书法人才开展义写春联活动；举办"迎新春"美术书画作品展、闹元宵千条灯谜竞猜、民间艺术调演活动等。二是开展"送电影下乡"和"舞台艺术送农民"活动，丰富文化活动内容。文化馆每年组织业余剧团、曲艺人员、民间艺术表演队、文艺宣传队等，在城乡举行文艺表演，丰富了群众精神文化生活。三是开创了文化扶贫新模式。宣传文化部门开展扶贫文艺作品征集活动，评出获奖作品，排演文艺晚会，都收到了良好的社会效果。四是宣传部门、文广新局、教体局、文联等部门每年联合举办庆六一青少年书画大赛，培养大批书画新秀。五是开展广场文化活动。每年定期在城市广场举行专题广场文化活动。节目由群众演员自编自演，真正属于老百姓自己的舞台，深受群众欢迎和好评。

三、群众文化活动策划与创意

（一）正确定位

在当前社会发展的大环境下，计算机技术和网络技术的普及导致信息传播和交流速度加快，同时也带来了西方外来文化对本土传统文化的冲击。"全媒体即'万众皆媒、万物皆媒'"，[①] 在这种影响下，如果社会公众缺乏文化自信，可能会影响他们的人生观和价值观。因此，群众文化活动应该发挥引导作用，帮助群众正确认识自身的社会责任和使命，积极传播正能量，帮助群众排解压力，舒缓疲劳，并自觉成为传统文化的继承者和传播者。因此，活动的开展应该从意识层面

---

① 丁瑞兆，措吉，周洪军.全媒体时代高校思想政治教育研究 [M].北京：新华出版社，2023.

出发，在提升群众的素质、保证活动的趣味性的同时，突出传统文化对群众精神世界的洗涤作用。此外，由于群众文化活动具有大众性，每次活动都面临着不同的文化个体，为了增强活动的可行性和有效性，策划人员需要提前进行深入的调查分析，包括地区文化水平、文艺素质状况、经济条件等方面的全面了解，以及具体活动对象之间的欣赏能力。通过协调差异、优化活动内容和方式，确保参与活动的个体能够快速融入活动，并获得一定的文化熏陶。最后，为了正确发挥文化活动的升华作用，活动策划工作还应该在满足群众文化需求的基础上，拓展活动的艺术价值和审美价值，以促进群众文化品位的提高。这可以通过精心选择活动内容、设计艺术形式和提供高品质的文化体验来实现。

（二）商业模式运行

群众文化活动的开展通常由政府主导，但为了更广泛地普及这些活动，商业化模式可以发挥重要作用，激发企事业单位积极参与文化活动，扩大活动的影响力。尽管群众文化活动的商业化模式尚未完全成熟，但在推广过程中仍需要政府发挥引导的作用。首先，政府应加大宣传力度，向企业普及文化活动对于企业经营发展的重要性，并适当为企业提供开展活动的场所和政策支持。政府可以通过各种渠道和媒体，向企业解释文化活动对于企业形象塑造、员工凝聚力和社会责任的积极影响。其次，政府应通过制定和完善相关制度，确保在商业化运营模式中，群众文化活动能够始终坚守初衷。政府可以对企业提出约束和要求，避免活动变得空洞化或过度娱乐化，导致活动失去内涵和价值。政府可以制定相应的规章制度，确保商业化模式下的文化活动符合一定的标准和质量要求。群众文化活动与企业文化之间存在一定的关联性，在商业化模式下，政府、企业和群众可以共同受益。通过商业化模式的运行，政府可以促进文化产业的发展，企业可以通过参与文化活动提升品牌形象和企业文化建设，而群众则能够享受到更多有质量、有内涵的文化活动。

（三）活动内容多样化

举办群众文化活动，如果内容单调乏味，必然会影响群众的积极参与。为了在弘扬文化的同时增加趣味性，策划人员在活动策划阶段需要考虑丰富活动内容。在活动策划中坚持以人为本的理念，积极搜集和整理群众的意见和建议，并深入了解群众的实际需求。基于这样的基础开展的群众活动将更深入人心，文化传播效果也将更广泛和深刻。此外，文化活动应以实践为主导，并加大对活动设施和设备的投入力度，确保活动的安全可靠性。通过实践性的活动形式，例如参与互动、体验等，群众可以更好地参与其中，增加活动的趣味性和参与度。同时，为了确保活动的顺利进行，必须充分考虑和准备活动场所、设施和设备，确保其安全可靠。

四、群众文化活动创意

（一）创新意识

几十年来，我们的群众文化靠的就是不断创新的精神，来吸引群众、宣传群众、娱乐群众的。群众文化的创新，不是"旧瓶装新酒"式的简单改造，也不是全盘"西化"式的抄袭，这种创新应当是植根在本民族优秀传统文化的土壤中，生长出的新绿。现代群众文化活动的开展必须与时俱进，避免盲目追随传统的工作理念和方式，切实提高文化活动对群众的吸引力。例如，可以组织阅读活动和交流活动，通过提高群众碎片化时间的利用率，解决群众对知识的恐慌问题。通过专业指导，帮助群众培养良好的阅读习惯。另外，可以充分利用计算机技术和网络技术，鼓励群众进行线上交流和分享，"全媒体时代是一个人人都能参与、人人有发言权、人人都能引发交流的时代"，[①] 提高资源利用效率的同时，增强群众的团队意识和协作能力。

---

① 丁瑞兆，措吉，周洪军.全媒体时代高校思想政治教育研究[M].北京：新华出版社，2023:4.

（二）地方资源

中国国土辽阔，各地区人民群众共同造就了丰富多样的中华民族文化。因此，在群众文化活动的开展中，应积极利用各地区地方资源，确保文化活动与当地实际相符，促进地方文化的传承和保护。地方资源的内容非常丰富，包括历史文化、动植物、风俗习惯等，它们都可以成为文化活动的重要利用对象。通过挖掘和宣传当地的特色风貌，将多样化的元素融入文化活动，既可以提高群众参与的积极性和主动性，又可以提升活动的质量。例如，在群众文化活动中，可以组织群众参观当地历史名人的故居，让群众亲身体验古代先贤的生活状态，进一步加深对历史的认知。强化对地方资源的有效利用，还需要保持理性的态度，对地方文化进行深入分析，突出其中的积极因素，摒弃消极因素，以确保文化活动的品位和质量。

（三）创新主题

群众文化活动在不同的历史阶段都展现出独特的时代特色和功能作用，其形式和内容也随着历史的发展而不断演变。改革开放后，群众文化活动在形式和内容上发生了巨大变化和发展，逐渐形成了当今繁荣的局面，并赋予时代性和新的内涵，使群众文化活动在不同的历史时期都具有吸引力和功能作用。

无论年龄、贫富、职业或文化程度如何，人们都有愉悦身心的需求。愉悦能够消除疲劳，让身体得到休息，缓解紧张的神经，平复单调和烦闷的心情。群众文化活动能够满足人们这一普遍需求，其功能和吸引力是不言而喻的。此外，以文学艺术为主要内容的群众文化活动包含着丰富多样的艺术美学和社会美学。人们通过文化活动产生美感、学习美、欣赏美，逐渐提高美学情趣和审美情操，培养崇高的美学道德和审美需求，对所有热爱美的人都具有吸引力和功能性。

群众文化活动最大的特点之一是寓教于乐。通过文化活动，人们不仅可以学习文艺、科普知识和提高技艺，还能深化认识、净化情感，从而实现自我教育、自我完善、自我创造和自我解脱。群众文化活动是多层次的,不同群体都可以自由参与,展示自身在文化艺术、知识技能和才艺方面的表现,展示个人的仪表、体态风姿和素质,使群众文化活动对于那些渴望自我表现的人具有吸引力。另外,群众文化活动在没有考勤制度、任务压力、工作紧张、困难挫折和人事纠纷等方面的烦恼。它具有业余自愿、自由参与和没有束缚的特点,对于那些业余时间充裕的人来说,更具有强大的吸引力。

推动社会主义文化大发展大繁荣,进一步兴起社会主义文化建设新高潮,对开创中国特色社会主义事业新局面、实现中华民族伟大复兴具有重大而深远的意义。群众文化是服务大众的文化,不仅能丰富群众的文化生活,也能提升一个地区的文化品位,同时对提高群众的素质有着积极的作用。因此,随着文化体制改革的不断深化,必须善于运用资源进行超前创意,打造出相应的文化载体,才能切实提高文化服务群众的能力。

究竟什么样的主题才算是创意主题呢?不一定从来没见过才叫创意。一些活动主题,在大家熟悉的基础上进行变化,这也是一种创意。以全球文化为背景而去创造有创意的活动主题,这是很容易能吸人眼球的。具有中国风的活动主题、德国慕尼黑的啤酒节、英国的哈利·波特主题、美国的迪斯尼主题等都是以不同国家为背景的活动主题。以独特创意吸引全世界眼球的娱乐产业巨头迪斯尼,其产业规模及利润长期霸居世界前10强;有"动漫王国"之称的日本,以全球化的创意理念,使其动漫产业占世界市场份额的60%。有关资料显示,以发达国家为主的世界创意经济每天创造的产值达220亿美元,并以5%的速度递增。在信息化的今天,人类已全面进入创意经济时代,文化创意对发展与壮大文化产业发展具有举足轻重的意义。

开展群众文化活动的理论依据

当前，我国正处于经济和社会发展的转型时期，各项事业的发展需要建立相应的新机制。在公共文化服务体系中，作为公益性文化事业的群众文化事业，建立一整套良性循环的新的运行机制非常重要。群众文化事业在社会文化发展中具有龙头、导向和示范作用，对于规范社会文化市场的方向、促进和谐社会建设具有重要作用。因此，在新形势下，如何发展群众文化活动是值得我们深入思考的问题。

一、马克思、恩格斯关于文化发展的基本理论

（一）马克思、恩格斯的文化思想

马克思、恩格斯的文化理论是马克思主义学说的一个重要组成部分。他们在研究哲学、政治经济学和科学社会主义的过程中，科学地论证了文化产生的原因，说明了文化对经济发展的反作用，揭示了人类在什么阶段就有什么性质的文化，提出了共产主义的文化功能在于造就出自由而全面发展的人。

在《马克思恩格斯全集》中文版中，马克思、恩格斯直接使用"文化"一词共有58处。他们在广义上使用文化概念时，指的是社会发展的一个阶段。马克思在《资本论》中，多次说到"人类文化初期"。恩格斯也曾多次讲到"史前各文化阶段"和"希腊文化"。值得注意的是，恩格斯提到过的"希腊文化"，主要说的是"希腊的艺术和科学"。"人类文化初期""史前各文化阶段"，指的是人类的蒙昧时代、野蛮时代和文明时代。他们着力分析的是劳动工具的发明和运用，

生产方式的进步和提高，生活用品的更新和改善。人类社会所拥有的这一切体现了科学和艺术的进步，同时也说明了科学与艺术的进步对社会的发展起到了积极的推动作用。可以这样说，马克思、恩格斯在广义上使用的"文化"概念，强调的是科学与艺术。他们在狭义上使用文化概念时，同样指的是科学、艺术、社交方式等。恩格斯是这样表述的："在所有的人实行明智分工的条件下，不仅生产的东西可以满足全体社会成员丰裕的消费和造成充实的储备，而且使每一个人都有充分的闲暇时间去获得历史上遗留下来的文化——科学、艺术、社交方式等等——中一切真正有价值的东西；并且不仅是获得，而且还要把这一切从统治阶级的独占品变成全社会的共同财富并加以进一步发展。"① 正是在社会发展的意义上，恩格斯曾明确指出："文化上的每一个进步，都是迈向自由的一步。②" 我们还可以从恩格斯关于科学、艺术的论述来理解他们的文化概念的含义。恩格斯在马克思墓前说过一句耳熟能详的话："正像达尔文发现有机界的发展规律一样，马克思发现了人类历史的发展规律，即历来为繁芜丛杂的意识形态所掩盖着的一个简单事实：人们首先必须吃、喝、住、穿，然后才能从事政治、科学、艺术、宗教等等；所以，直接的物质的生活资料的生产，从而一个民族或一个时代的一定的经济发展阶段，便构成基础，人们的国家观念、法的观点、艺术以至宗教观念，都是从这个基础上发展起来的，因而，也必须由这个基础来解释，而不是像过去那样做得相反。"③ 恩格斯在这里不仅总结和评价了马克思的伟大贡献，而且还应用唯物主义的历史观用科学、艺术的概念来说明文化产生的原因。再如恩格斯晚年所说的："政治、法律、哲学、宗教、文学、艺术等等的发展是以经济发展为基础的。但是，它们又都互相作用并对经济基础发生作用。并非只有经济状

---

① 马克思主义当代价值的阐释——论特里·伊格尔顿的《马克思为什么是对的？》[J]. 高照成. 江南大学学报（人文社会科学版），2016(11).

② 论新时代中国特色社会主义文化思想对马克思主义文化观的继承与发展[J]. 谢守成,张崔英. 江汉论坛，2018(10).

③ 马克思社会发展理论的当代意义及其理论深化[J].郭玲玲.辽宁大学学报（哲学社会科学版），2013(01).

况才是原因，才是积极的，其余一切都不过是消极的结果。这是在归根结底总是得到实现的经济基础上的互相作用。"①恩格斯在这里是用文学、艺术等概念来说明文化对经济基础的反作用。综上所述，要研究马克思、恩格斯的文化思想，除了他们直接应用的文化概念外，还要通过他们关于科学和艺术等问题的论述来进行。从马克思、恩格斯对文化概念的实际应用来看，他们的文化思想是建立在唯物史观的基础之上的。他们对文化的理解，是建立在生产力和生产关系、经济基础和上层建筑的相互关系的基础上的。这就需要从唯物主义的历史观点出发来考察文化，从而揭示出它所处历史阶段上的什么性质的文化。

1.用唯物主义历史观来考察文化

在马克思的文化理论中，曾三次提到"文化史"问题。马克思认为，所谓文化史全部是宗教史和政治史，而且是旧时的宗教史和政治史。这种所谓的文化史是靠文化史家的联想，用历来的观念的历史叙述而成的。所以，这些所谓的文化史都是片面的和不科学的。恩格斯曾明确指出："历史从哪里开始，思想进程也应当从哪里开始。"马克思、恩格斯研究过人类社会的全部历史，用唯物主义的历史观点，从人类社会劳动实践活动出发来考察文化发展的轨迹，科学地分析文化产生和发展的历史过程，从而揭示出它所处历史阶段上的什么性质的文化。这是马克思主义文化学说的鲜明特点。

马克思、恩格斯肯定过人类学家摩尔根的研究成果，并赞成摩尔根的文化分期法。摩尔根的文化分期法的主要依据是社会生产力的发展程度。恩格斯依据人类生产力发展水平来判断人类古代世界文化发展阶段，得出了与摩尔根相同的结论。文化是整个社会生活进步的标志。恩格斯发现，"在英国、法国、瑞士、比利时和德国南部的洞穴里，大多只是在土壤沉积的最下层中，发现有这些已经死绝的人类工具。在这个最低的文化层上面（中间往往隔着一层厚薄不等的

---

① 马克思"艺术生产"论的理论视域与当代意义[J].谭好哲.清华大学学报(哲学社会科学版)，2018(05).

钟乳石),发现有第二个有着种种工具的文化层。这些工具属于一个较晚的时代,它们的制作精巧得多,它们的材料也复杂得多"。早期的人类在社会实践中学会了制造工具,脱离了动物界,进入了人类社会。马克思在论及人类文化初期时,指出:"只有人类通过劳动摆脱了最初的动物状态,从而他们的劳动本身已经在一定程度上社会化时候,一个人的剩余劳动成为另一个人的生存条件的关系才能出现。在文化初期,已经取得的劳动生产力很低,但是需要也很低,需要是同需要的手段一同发展的,并且是依靠这些手段发展的。其次,在这个文化初期,社会上依靠别人劳动来生活的那部分人的数量,同直接生产者的数量相比是微不足道的。"[1] 劳动实践是人类生存和发展的最根本的活动方式。这种活动方式是人类区别于动物的最根本的文化标志。随着物质生产的剩余劳动的增多和生产力水平的提高,专事精神文化的人或者说从事脑力劳动的人出现了,发明了文字并用于文献记录。随后人们的精神生活及其需求的不断增加,源于剩余劳动的精神劳动逐渐从物质劳动中分离出来,从而使真正意义上的文化活动有了相对的独立性。马克思指出:"物质劳动和精神劳动的最大的一次分工,就是城市和乡村的分离。城乡之间的对立是随着野蛮向文明的过渡、部落制度向国家过渡、地方局限性向民族的过渡而开始的,它贯穿着文明的全部历史并一直延续到现在……"[2] 这里,马克思是从社会分工的角度来考察文明发展过程的。从中我们可以看出,社会分工对文化发展具有重要意义。

在马克思的文化理论中,马克思从来不主张泛泛地谈论"劳动""社会",并明确反对"劳动是一切财富和一切文化的源泉"的观点。马克思指出:"孤立的劳动(假定它的物质条件是具备的)即使能创造使用价值,也既不能创造财富,又不能创造文化。"马克思赞成这样一种观点,"随着劳动的社会性的发展,以及由此而来的劳动之成为财富和文化的源泉,劳动者方面的贫穷和愚昧、非劳动者

---

① 丁鑫.以开放性展现理论创新活力[N].经济日报,2022-10-06.

② 谭好哲.马克思"艺术生产"论的理论视域与当代意义[J].清华大学学报(哲学社会科学版),2018(05).

方面的财富和文化也发展起来"，并明确表示，"这是直到目前的全部历史的规律"。这是因为"一个除自己的劳动力外没有任何其他财产的人，在任何社会的和文化的状态中，都不得不为另一些已经成了劳动的物质条件的所有者的人做奴隶。他只有得到他人的允许才能劳动，因而只有得到他人的允许才能生存"。①在马克思看来，在资本主义社会里，是资本创造了文化。他说："这种剩余劳动一方面是社会的自由时间的基础，从而另一方面是整个社会发展和全部文化的物质基础。正是因为资本强迫社会的相当一部分人从事这种他们的直接需要的劳动，所以资本创造文化，执行一定的历史的社会职能。这样就形成了整个社会的普遍勤劳，劳动超过了为满足工人本身身体上的直接需要所必需的时间界限"。这就是说，资本主义文化是由价值和剩余价值及"资本"本身的存在而形成的。因此，资本和利润迫使资本主义文化生产不断提速，并以其强大的科学技术，不断创造和生产新的文化产品，形成了当今资本主义的文化工业。发达资本主义国家的文化工业以其前所未有的文化技术和生产力，诉诸各种手段，对内唤起人们对于"权力""金钱"和"性"的外露的或潜在的欲望；对外以其咄咄逼人的文化侵略性向第三世界国家腐蚀和剥削。这种现象令世界上许多正直和有良知的人们忧心忡忡。

2. 共产主义文化的功能在于造就出自由而全面发展的人

马克思曾把人类社会的历史划分为三大历史形态和三个发展阶段：第一大社会形态作为第一个阶段是自然经济和人的依赖关系。在人类最初的社会形态中，包括原始社会、奴隶社会和封建社会，人的生产能力只是在狭窄的范围内和孤立的地点上发展着的阶段。"在这里，无论个人还是社会，都不能想象会有自由而充分的发展。"第二大社会形态作为第二个阶段，人类进入资本主义社会，是商品经济和物的依赖关系的阶段。"在这种形态下，才形成普遍的社会物质变换，全面的关系，多方面的需求以及全面的能力的体系。"第三大形态作为第三个阶段，

---

① 陈飞龙.关于马克思恩格斯的文化思想[N].文艺报，2014-11-24.

人类将进入社会主义和共产主义，那是商品经济和自由人的联合体的阶段。马克思、恩格斯在《共产党宣言》中说，共产主义社会"将是这样一个联合体，在那里，每个人的自由发展是一切人的自由发展条件"。马克思后来在《资本论》中，再次提到共产主义社会是一个"以每一个人的全面而自由的发展为基本原则的社会形式"。到那时，"人终于成为自己的社会结合的主人，从而也就成为自然界的主人，成为自己本身的主人——自由的人"。

在前资本主义社会，由于私有制的存在，社会分工是片面发展个人某些素质的，其他素质则被压抑。旧时代的文化价值取向以权力或宗法血统为本位，文化的功能主要是体现人与人的依赖关系。随着资本主义的兴起，劳动者获得了独立人格的地位，但他们在生产资料上却一无所有，只能出卖劳动力。资本主义的核心是雇佣劳动制和追求利润最大化，文化的价值取向以金钱或个人为中心，功能主要是体现个人的独立。社会主义建立在社会全体成员共同占有生产资料的基础上，否定了私有制，实现了劳动者与生产资料、个人利益和社会利益之间的协调关系。"'坚持人民至上'，表明了中国共产党以人民为中心的价值导向和根本立场"，[①] 社会主义的文化价值取向主要是人向人自身和社会的复归，文化的功能在于培养有理想、有道德、有文化和有纪律的社会主义新人，提高全民族的思想道德素质和科学文化素质，为人的全面发展和社会的全面发展开辟广阔前景。

共产主义则彻底否定了私有制，打破了旧式的社会分工，实现了每个人全面而自由的发展。在共产主义社会中，不再有艺术天才集中于个别人，个人的局限性和对分工的依赖将消失。文化的价值指向主要是崇尚能力和人的素质，文化的功能是造就自由个性和全面发展的人。在共产主义社会中，没有单一的职业标签，每个人都可以在多种活动中发展自己的能力。这些不同的社会形态下，文化的价值取向和功能都随着社会制度的演变而发生了变化。从片面发展和依赖关系到以

---

① 丁瑞兆，措吉，周洪军. 全媒体时代高校思想政治教育研究 [M]. 北京：新华出版社，2023:60.

个人独立和金钱为中心，再到人的复归和全面发展，文化的作用也逐渐转变为促进个人和社会的发展。

马克思、恩格斯的文化理论是极其深刻的。特别是他们用唯物主义的历史观来考察文化现象，以及对共产主义文化功能的科学设想，驱除了在文化理论领域里散布的各种唯心主义的迷雾，构建起了一种崭新的马克思主义的文化学说。

二、中国共产党人关于文化发展的理论

习近平总书记高度重视中华优秀传统文化，并强调其对中华民族的重要意义。他指出，中华文化源远流长，代表着中华民族独特的精神标识。习近平倡导加强对中华优秀传统文化的挖掘和阐发，使其与当代文化相适应，并赋予其新的时代内涵。这样做是为了将具有永恒魅力和当代价值的文化精神作为推动经济社会发展和社会主义现代化建设的重要精神动力。

习近平经济思想中关于稳中求进、集中力量办好自己的事情、用钉钉子精神抓落实等方法则借鉴了中华优秀传统文化中的务实思维。此外，习近平经济思想在构建新发展格局、统筹发展与安全等方面也体现了中华优秀传统文化中注重整体辩证思维的特点。对于创新发展和自主创新，习近平经济思想也吸收借鉴了中华优秀传统文化中关于苟日新日日新又日新、革故鼎新、与时俱进的思想。

习近平经济思想充分汲取了中华优秀传统文化营养，并将蕴含其中的思想精华创造性地运用到其治国理政实践中。习近平总书记在中共中央政治局第三十九次集体学习时强调，要推动全党全社会增强历史自觉、坚定文化自信，坚定不移走中国特色社会主义道路，为全面建设社会主义现代化国家、实现中华民族伟大复兴而团结奋斗。文化是一个国家、一个民族的灵魂。文化兴国运兴，文化强民族强。没有高度的文化自信，没有文化的繁荣兴盛，就没有中华民族伟大复兴。全面建成社会主义现代化强国，实现中华民族伟大复兴，有赖于中国特色社会主

义文化的繁荣发展。"'坚持党的领导',是党的事业取得胜利的根本和命脉",① 明确中国特色社会主义文化的基本向度、发展路径,对于新征程上发展中国特色社会主义文化具有重要意义。

（一）中国特色社会主义文化基本向度

党的十八大以来,习近平总书记对中国特色社会主义文化的具体构成及其关系进行了深刻论述。他指出:"中国特色社会主义文化,源自中华民族五千多年文明历史所孕育的中华优秀传统文化,熔铸于党领导人民在革命、建设、改革中创造的革命文化和社会主义先进文化,植根于中国特色社会主义伟大实践。"我们强调的文化自信,就是对包括中华优秀传统文化、革命文化和社会主义先进文化在内的中国特色社会主义文化这一有机整体的自信。中国共产党大力发展社会主义先进文化,继承中华优秀传统文化、弘扬革命文化,不断铸就中华文化新辉煌,新时代中国特色社会主义文化建设取得巨大成就。

发展社会主义先进文化。社会主义先进文化是我国经济社会发展的强大精神支撑。在近代中国最危急的时刻,中国共产党人找到了马克思主义,并坚持把马克思主义基本原理同中国具体实际相结合、同中华优秀传统文化相结合,用马克思主义真理的力量激活中华民族历经几千年创造的伟大文明,使中华文明再次迸发出强大精神力量。面对新的时代特点和实践要求,中国共产党始终坚持与时俱进、守正创新,不断推进社会主义先进文化繁荣发展。"'坚持开拓创新',是党的事业取得胜利的动力保障",② 创新是推动社会主义先进文化大发展大繁荣、建设社会主义文化强国的不竭动力。以习近平同志为核心的党中央把文化建设提到新的历史高度,确立和坚持马克思主义在意识形态领域指导地位的根本制度,坚持以社会主义核心价值观引领文化建设,广泛开展中国特色社会主

---

① 丁瑞兆,措吉,周洪军.全媒体时代高校思想政治教育研究 [M].北京:新华出版社,2023:59.

② 丁瑞兆,措吉,周洪军.全媒体时代高校思想政治教育研究 [M].北京:新华出版社,2023:61.

义和中国梦宣传教育，推动理想信念教育常态化制度化，推动学习党史、新中国史、改革开放史、社会主义发展史，社会主义先进文化生机活力不断涌现。

弘扬革命文化。革命文化是中国特色社会主义文化的重要组成部分，蕴含丰富的革命传统和红色基因。中国共产党百年来弘扬伟大建党精神，在长期奋斗中构建起中国共产党人的精神谱系，锤炼出鲜明的政治品格，激励着一代代中华儿女顽强拼搏，战胜困难，夺取胜利。中国共产党历来注重传承革命文化，用好红色资源，赓续红色血脉。习近平总书记先后到过许多革命老区考察，看望老区人民，对传承红色基因、弘扬革命文化作出重要指示，强调"革命文物承载党和人民英勇奋斗的光荣历史，记载中国革命的伟大历程和感人事迹，是党和国家的宝贵财富，是弘扬革命传统和革命文化、加强社会主义精神文明建设、激发爱国热情、振奋民族精神的生动教材"，这为新时代推进中国特色社会主义文化建设奠定坚实基础。

传承中华优秀传统文化。中华优秀传统文化是中华文明的智慧结晶和精华所在，是中华民族的精神标识。中华优秀传统文化已经成为中华民族的基因，植根在中国人内心，潜移默化影响着中国人的思想方式和行为方式。回望历史，中华优秀传统文化对形成和维护中国团结统一的政治局面，对形成和巩固中国多民族和合一体的大家庭，对形成和丰富中华民族精神，对推动中国社会发展进步、促进中国社会利益和社会关系平衡等，都发挥了十分重要的作用。习近平总书记高度重视弘扬中华优秀传统文化，提出创造性转化、创新性发展的基本方针，强调"要深入了解中华文明五千多年发展史，把中国文明历史研究引向深入"，"增强历史自觉、坚定文化自信"，为推进新时代中国特色社会主义文化建设注入强大动力。

（二）中国特色社会主义文化发展路径

每到重大历史关头，文化都能感国运之变化、立时代之潮头、发时代之先声，为亿万人民、为伟大祖国鼓与呼。新的赶考路上，我们必须坚持守正创新，明确中国特色社会主义文化发展的重要路径，坚定不移走中国特色社会主义文化发展道路，更好构筑中国精神、中国价值、中国力量。

实现中华优秀传统文化的创造性转化、创新性发展。历史和现实都证明，中华民族有着强大的文化创造力。中华文化既坚守本根，又不断与时俱进，使中华民族保持了坚定的民族自信和强大的修复能力，培育了共同的情感和价值、共同的理想和精神。博大精深的中华优秀传统文化是我们在世界文化激荡中站稳脚跟的根基，也是新征程上发展中国特色社会主义文化的基础。新时代中国特色社会主义文化建设，要认真汲取中华优秀传统文化的思想精华和道德精髓，善于从中华优秀传统文化中汲取治国理政的理念、思想，深入挖掘和阐发中华优秀传统文化讲仁爱、重民本、守诚信、崇正义、尚和合、求大同的时代价值，推动中华优秀传统文化与科学文化相互融合、相互促进，实现中华优秀传统文化的创造性转化和创新性发展。

发挥社会主义核心价值观凝心聚力作用。价值观是文化最深层的内核，价值观自信是文化自信最本质的体现。社会主义核心价值观是兴国之魂，凝结着全体人民共同的价值追求。我国正处于实现中华民族伟大复兴的关键时期，培育和践行社会主义核心价值观是在世界文化激荡中保持民族精神独立、挺起民族精神脊梁的战略支撑。要坚持以社会主义核心价值观引领文化建设，注重用社会主义先进文化、革命文化、中华优秀传统文化培根铸魂，发挥社会主义核心价值观对国民教育、精神文明创建、精神文化产品创作生产传播的引领作用，将社会主义核心价值观融入社会发展各方面。培育和践行社会主义核心价值观，要强化教育引导、实践养成、制度保障，动员全社会共同参与、共同行动，使之与人们的日常生产生活深度融合，转化为人们的情感认同和习惯。

推动文化事业和文化产业高质量发展。文化产业是文化建设的重要方面。加快发展文化产业，对推动社会主义文化繁荣发展、更好满足人民精神文化需求具有重大意义。新时代，我国社会主要矛盾发生了变化，要围绕满足人民日益增长的文化需要，以促进满足人民文化需求和增强人民精神力量相统一为目标，推动文化事业和文化产业高质量发展。文化事业要坚持为了人民、以人民为中心的根本立场，满足人民对文化产品的需求，同时激发全民族文化创新创造活力。要贯彻落实《"十四五"文化产业发展规划》，以文化创意、科技创新、产业融合催生新发展动能，健全现代文化产业体系和市场体系，推动文化产业全面转型升级，切实提高质量效益和核心竞争力。

推动中华文化走出去。自古以来，中华文明在继承创新中不断发展，是中华民族生生不息、发展壮大的丰厚滋养，是在同其他文明不断交流互鉴中形成的开放体系。亲仁善邻、协和万邦是中华文明一贯的处世之道，惠民利民、安民富民是中华文明鲜明的价值导向，革故鼎新、与时俱进是中华文明永恒的精神气质，道法自然、天人合一是中华文明内在的生存理念。面向国际社会诠释中华优秀传统文化的精华，有利于提升国家文化软实力。在新的历史起点上推动中国特色社会主义文化发展，就要不断提升中华文化影响力，秉持开放包容、互学互鉴的理念，深入开展同各国文化交流合作，以讲好中国故事为着力点，传播中国声音、中国理论、中国思想，让世界更好地读懂中国，弘扬中华文明蕴含的全人类共同价值。

三、马斯洛的需求层次理论

根据马斯洛的需求层次理论，人有各个层次的需要，通常是满足了低层级的需要，才能发展到更高层级的需要，这个满足不一定是永恒的满足，至少曾经被满足过。有一种情况，倘若一个人的低层级需要从未被满足过，甚至遭遇了很大创伤，那么这些需要就会被压抑掉，转而去展现出更高层级的发展，去防御对低层级需要的羞耻感。比如，小孩子会很馋，他可能想吃糖、想吃巧克力，吃了一块还想再吃。我们没办法让他得到无尽的满足，这是孩子迟早要面对的"挫折"。孩子可能会产生创伤的体验感，虽然放弃了这些需要，但会对这些基本的需要充满了耻辱感。

1943 年，美国心理学家亚伯拉罕·马斯洛从人类动机的角度提出需求层次理论，该理论强调人的动机是由人的需求决定的，而且人在每一个时期，都会有一种需求占主导地位，而其他需求处于从属地位。人们需要实现某些需要，有些需求优先于其他需求。

马斯洛的需求层次结构是心理学中的激励理论，包括人类需求的五级模型，通常被描绘成金字塔结构。从层次结构的底部逐层向上的需求分别是：生理需要、安全需要、社交需要、尊重和自我实现需要。需求是由低到高逐级形成并得到满足的。

（一）需求的层次

1.生理需求

指人类维持自身生存的最基本要求，包括饥、渴、衣、住、性、健康方面的需求。生理需要是推动人行动的最强大的动力。未满足生理需求的特征：什么都不想，只想让自己活下去，思考能力、道德观明显变得脆弱。例如：当一个人急需食物时，会不择手段地抢夺食物。

2.安全需求

指人对安全、秩序、稳定及免除恐惧、威胁与痛苦的需求。它表现为：感受到身边事物存在威胁，觉得这世界是不公平或是危险的，认为一切事物都是危险的而变得紧张焦虑、彷徨不安。

3.归属与爱

指人要求与他人建立情感联系，以及隶属于某一群体并在群体中享有地位的需要。这一层次的需要包括两个方面。一是友爱的需要，即人人都需要伙伴之间、同事之间的融洽关系或友谊与忠诚；人人都希望得到爱情，希望爱别人，也渴望接受别人的爱。二是归属的需要，即人都有一种归属于一个群体的情感需求，希望成为群体中的一员，并相互关心和照顾。这种需求属于较高层次的需求。缺乏归属与爱需求的特征：因为没有感受到身边人的关怀，而认为活在这世界上自己没有价值。例如，一个没有受到父母关怀的青少年，认为自己在家庭中没有价值，所以在学校交朋友，可能会无视道德地寻找朋友或是同类。比如，有的青少年为了让自己融入社交圈，帮别人做牛做马，甚至吸烟、搞恶作剧等。

4. 尊重需求

这属于较高层次的需求，如成就、名声、地位和晋升机会等。尊重需求既包括自己对成就或自我价值的个人感觉，也包括他人对自己的认可与尊重。未满足尊重需求的特征：变得很爱面子，容易被虚荣所吸引。例如，利用暴力来证明自己的强悍等。

5. 自我实现

这是最高层次的需求，指人希望最大限度地发挥自身潜能，不断完善自己，完成与自己的能力相称的一切事情，实现自己理想的需要。马斯洛提出，为满足自我实现需要所采取的途径是因人而异的。自我实现的需要是在努力实现自己的潜力，使自己越来越成为自己所期望的人物。缺乏自我实现需求的特征：觉得自己的生活被空虚感、无意义感推动着，要去做证明自己身为一个"人"应该在这世上做的事。

（二）需求层次之间的关系

在马斯洛看来，需求的产生由低级向高级的发展是波浪式地推进的，在低一级需求没有完全满足时，高一级需求就产生了，而当低一级需求的高峰过去了但没有完全消失时，高一级需求就逐步增强，直到占绝对优势。低层次的需求基本得到满足以后，它的激励作用就会降低，其优势地位将不再保持下去，高层次的需求会取代它成为推动行为的主要原因。有的需求一经满足，便不能成为激发人们行为的起因，于是被其他需求取而代之。

（三）追求更高层次的目标

一个人可以有自我实现的愿望，但要达到自我实现的境界，成为一个自我实现的人，却不是每个人都能办到的，这种人也只是少数而已。人的最高需要即自我实现就是以最有效和最完整的方式表现他自己的潜力，唯此才能使人得到巅峰体验。马斯洛需求层次理论对我们来说的最大意义就在于，它告诉我们，人在满足了基本的需求之后，就要去实现更高的需求和目标。

开展群众文化活动的现实依据

随着经济的快速发展，人民群众对文化生活提出了更高的要求，但我国经济发展不平衡，文化基础设施水平也分布不均。现实条件启示我们要充分利用现有公共文化设施资源，坚持均衡配置、规模适当、功能优先、经济适用的原则，才能让基层文化建设获得1+1>2的效果。将文化宣传、精神文明、科技普及、普法教育、体育健身统一到基层的文化基础设施中。同时，基层文化内容要以群众基本文化需求为导向，制定符合基层受众群体的文化内容。要因地制宜制定公共文化设施服务规范，明确基本公共文化服务的内容、种类、数量和水平。多措并举，全方位提升基层公共文化服务水平，丰富群众精神生活。

一、提高群众生活质量的重要渠道

群众文化被经常以"业余"的眼光看待，导致对其本质的误解，不仅损害了人民群众在文化中的主体地位，也带来了文化发展上的许多问题，这值得我们深思。

群众文化是人民的文化，是所有文化活动的基础。它是相对于专业文化之外，由群众创造和参与的文化活动。人民创造了文化，群众文化的演进和提升是整个文化历史的一部分。在文化发展过程中，文化工作者将群众创造的各种文化内容概括、提升、凝练为有组织的形式。这些形式凝聚着广大人民群众对世界和自身的历史认知和现实感受，积淀了最深厚的精神追求和行为准则。人民群众在文化活动中自由平等地创造文化，体现了文化民主，表达了他们的文化观点和诉求。人民群众通过文化活动获得的不仅仅是简单的精神愉悦，更重要的是表达对生命和人格的文化认同，表达人民自身的文化尊严。

在当代中国，改革开放和现代化建设极大地提升了广大人民群众的思想和精神境界。崭新的生活和理想使得群众的文化追求成为文化发展的巨大动力。群众的需求、创造和表达成为文化成长的主流。党提出要代表社会主义先进文化前进方向，发展面向现代化、面向世界、面向未来的，民族的、科学的、大众的文化。其要义就是将文化发展的着眼点放在人民群众创造的基础上，以人民的利益为最高标准，从人民群众的创造中汇集、提升、融汇形成中国特色社会主义的主流文化。先进文化的最深厚根源在于人民大众，群众文化是社会主义先进文化发展繁荣的基石。

群众文化是大众审美的文化表达。广大人民群众在改造物质世界的过程中创造美，在提升和丰富思想精神世界的过程中体验美。群众的文化活动是美的重要载体，是集体审美的自觉呈现。群众文化中蕴含的原始美是艺术美的根基。人民群众在文化活动中创造美、捕捉美，赋予艺术美以灵魂和生命。每个历史时期的群众文化都代表着那个时代人民群众的审美期望，决定着主流文化的发展方向。遵循时代审美价值取向的文化是代表人民意愿的主流文化。此外，群众文化的审美取向也具有鲜明的民族特色。人类以民族的方式存在，在劳动和文化实践中形成了民族特色鲜明的审美习惯。这种习惯深深地植根于人民群众的生活和情感之中，并在群众文化中得到表达和传承。

然而，由于观念的落后和认知的偏见，群众文化往往被视为次要、低级甚至庸俗。这种看法是对群众创造力和审美能力的贬低，忽视了群众文化对社会发展和文化繁荣的重要贡献。群众文化不仅是人民创造和表达的自由空间，也是文化多样性和创新性的源泉。它承载着人民群众的情感、价值观和社会认同，反映了社会的多元面貌。忽视、歧视或压制群众文化，将导致文化的单一化和贫乏化，削弱社会的凝聚力和创造力。

为了充分发挥群众文化的作用，我们应该转变观念，重视和尊重群众文化，将其纳入整体的文化发展战略中。这需要从政策层面对群众文化给予支持和保护，提供必要的资源和平台，鼓励人民群众积极参与文化创作、传承和交流。同时，应该加强对群众文化的研究和批评，促进其不断提升和发展。重要的是要培养和弘扬良好的群众文化价值观，引导群众文化朝着积极、健康、有益的方向发展，推动群众文化与专业文化的互动与融合。

通过充分认识和发展群众文化，我们能够实现文化的全面繁荣和人的全面发展。只有让广大人民群众在文化中成为主人，让群众文化成为社会主义先进文化的重要力量，我们才能实现文化的全面进步和人民的全面幸福。

二、宣传社会主义核心价值观的重要途径

文化生产领域的变革总是与科技进步息息相关。文化产业数字化是文化和科技深度融合的集中体现。要认识到，衡量文化产业发展质量和水平，最重要的是看能不能提供更多既能满足人民文化需求，又能增强人民精神力量的文化产品。对此，在文化产业和数字经济融合发展的新趋势下，我们要坚定文化自信，坚持守正创新，以丰富数字文化产品和高品质文化服务的有效供给，推动数字文化产业高质量发展，不断丰富人民群众的精神文化生活，增强人民群众的获得感、幸福感、安全感。

守正，就是要把握正确导向。要坚持以社会主义核心价值观为引领，把社会效益放在首位，实现社会效益和经济效益相统一；坚持内容为王、质量为先，以优秀的数字文化产品弘扬和培育社会主义核心价值观，更好地引领社会风尚；充分发掘文化资源，提高数字文化产业品质内涵，把文化产业的高附加值、高融合性、高渗透性和低资源消耗的产业价值属性充分挖掘出来，通过技术手段将多元文化、传统文化、文化品牌和文化价值符号等要素进行创造性叠加，讲好中国故事，展示中国形象，弘扬中国精神。特别是要培育和塑造一批具有鲜明中国文化特色的原创 IP，加强 IP 开发和转化，充分运用动漫游戏、网络文学、网络视频、数字艺术、创意设计等产业形态，推动中华优秀传统文化创造性转化、创新性发

展，打造更多具有广泛影响力的数字文化品牌。

创新，就是要注重数字赋能。要坚持创新在产业发展中的核心地位，深入实施创新驱动发展战略，提高自主创新能力，推动内容、技术、模式、业态和场景创新；落实国家文化大数据体系建设部署，共建共享文化产业数据管理服务体系，促进文化数据资源融通融合。在这一过程中，要把握科技发展趋势，集成运用新技术，创造更多产业科技创新成果，为高质量文化供给提供强有力支撑；推进数字经济格局下数字文化旅游、数字影视、数字动漫、数字游戏等新模式快速发展，促进文化产业与数字经济、实体经济深度融合，构建数字文化产业生态体系。综合来看，抓住数字化机遇推动文化产业高质量发展，是一个经济与社会、文化与科技不断融合、发展和演化的过程，需要在微观创新、文化发展、产业边界、创新设计等多个领域实现"文化＋科技"的作用，从而更好地推动文化产业融合倍增效应，增强其创新能力。

一方面，需要推动文化产业数字化全要素价值链融合。要以提高发展质量和效益为中心，以供应链与互联网、物联网深度融合为路径，以信息化、标准化、信用体系建设和人才培养为支撑，创新发展文化产业链、供应链，高效整合各类资源和要素，积极提升文化产业集成和协同水平，合力打造大数据支撑、网络化共享、智能化协作的文化产业智慧供应链创新和共享经济平台，培育发展一批共享经济骨干和示范文化企业，从而培育新增长点，形成新动能，推动新发展。

另一方面，需要建立完善多层次治理机制。这是推动文化产业数字化的重要保障。要在技术创新支持下，加快建立由政府、企业、大学与科研机构、金融及中介机构等构成的多维层次结构。其中，文化企业是重点所在。要培育一批具有较强核心竞争力的大型数字文化企业，引导互联网及其他领域龙头企业布局数字文化产业；发挥产业孵化平台和龙头企业在模式创新和融合发展中的带动作用，通过生产协作、开放平台、共享资源等方式，带动上下游中小微企业发展。在这一过程中，关键是要加强各主体的良性互动，形成高效治理的层次结构，从而有效提高数字化创新能力，整合文化科技资源、人力资源和创新资源，形成不同层面的文化产业数字化创新主体，为数字化赋能文化产业高质量发展提供重要保障。

三、加强文化民生建设的题中之义

共同富裕是全体人民的富裕，是人民群众物质生活和精神生活都富裕。在高质量发展中推动共同富裕，文化是重要支点；满足人民日益增长的美好生活需要，文化是重要因素。因此，促进人民精神生活共同富裕，要围绕举旗帜、聚民心、育新人、兴文化、展形象的使命任务，坚持满足人民文化需求和增强人民精神力量相统一，推动社会主义文化繁荣兴盛，在推动社会主义文化强国建设中厚植共同富裕的文化氛围。

我们要牢牢把握社会主义先进文化前进方向，坚定不移走中国特色社会主义文化发展道路，为促进人民精神生活共同富裕建设具有强大凝聚力和引领力的社会主义意识形态。意识形态决定了文化前进方向和发展道路，对于社会主义意识形态、社会主义文化来说，其旗帜和灵魂就是马克思主义。我们建设的文化是社会主义文化，这就从根本上决定了任何时候都必须毫不动摇地坚持马克思主义。在促进人民精神生活共同富裕的实践中，要坚定不移用习近平新时代中国特色社会主义思想武装头脑、指导实践、推动工作，促进全体人民在思想上精神上紧紧团结在一起。

强化社会主义核心价值观引领，提高社会文明程度，为促进人民精神生活共同富裕厚植文化氛围。促进人民精神生活共同富裕，需要把全社会意志和力量凝聚起来。社会主义核心价值观凝结着全体人民共同的价值追求，蕴含着社会主义现代化的价值目标，是当代中国精神的集中体现，是凝聚民心、汇聚民力的强大力量，因此要强化教育引导、实践养成、制度保障，夯实在高质量发展中推动人民精神生活共同富裕的思想道德基础。要提高社会文明程度，推动学习贯彻习近平新时代中国特色社会主义思想走深走心走实,实现理想信念教育常态化制度化。要加强爱国主义、集体主义、社会主义教育，深入实施公民道德建设工程，推进社会公德、职业道德、家庭美德、个人品德建设。要深入实施文明创建工程，深化群众性精神文明创建活动，扎实推进新时代文明实践中心建设，打造精神文明高地，厚植勤劳致富、共同富裕的文化氛围。

繁荣发展社会主义文艺，充分发挥文艺引领时代风尚的作用，为促进人民精神生活共同富裕凝聚强大力量。文艺是文化的重要组成部分，也是传播文化的有力载体。文艺也最能代表一个民族的风貌，最能引领一个时代的风气，反映一个国家、一个民族的文化创造能力和水平。促进人民精神生活共同富裕，实现中华民族伟大复兴，需要振奋人心的伟大作品。要坚持以人民为中心的创作导向，坚持为人民服务、为社会主义服务根本方向，扎根人民、扎根促进共同富裕的伟大实践开展艺术创作，创造出反映人民呼声、体现人民情感、表达人民愿望的文艺作品，不断推出反映时代新气象、讴歌人民新创造的文艺精品。

将发展文化事业作为保障人民文化权益的基本途径，不断满足人民群众多样化、多层次、多方面的精神文化需求。实现好、维护好、发展好人民文化权益，是社会主义文化建设的根本目的，是推动我国文化发展的出发点和落脚点，也是促进人民精神生活共同富裕的重要保障。在这一过程中，要推动中华优秀传统文化创造性转化、创新性发展，弘扬革命文化，发展社会主义先进文化；完善现代公共文化服务体系，提高城乡基本公共文化服务均等化水平，为人民群众提供更高质量、更有效率、更加公平、更可持续的公共文化服务；广泛开展全民健身运动，推动全民健身和全民健康深度融合。

坚持把社会效益放在首位、社会效益和经济效益相统一，提高文化产业发展质量和水平，为促进人民精神生活共同富裕提供高品质的文化产品。加快发展文化产业，不仅对推动社会主义文化繁荣发展、更好满足人民精神文化生活需求具有重大意义，而且对在高质量发展中实现共同富裕也至关重要。衡量文化产业发展质量和水平，最重要的不是看经济效益，而是看能不能提供更多既能满足人民文化需求、又能增强人民精神力量的文化产品。要坚持把社会效益放在首位、社会效益和经济效益相统一，深化文化体制改革，完善文化产业规划和政策，加强文化市场体系建设。要顺应文化产业数字化发展趋势，加快发展新型文化企业、文化业态、文化消费模式。要以文塑旅、以旅彰文，推动文化和旅游融合发展，为促进人民精神生活共同富裕提供高品质和多样化的文化产品。

四、全面建成小康社会的内在要求

文化发展是实现全面建成小康社会的重要精神动力。首先，文化发展可以满足人民群众多元化的文化需求，丰富人们的精神生活，提升精神文明水平。人民群众对于文化产品和服务的要求越来越高，文化发展能够提供更广泛、更高质量的文化产品，满足人们对于知识、艺术、娱乐等方面的需求，促进人的全面发展。其次，文化发展是培育和弘扬社会主义核心价值观的重要途径。通过加强道德伦理建设、加强公民素质教育、推动优秀传统文化传承等方式，文化发展能够引导人们树立正确的世界观、人生观、价值观，增强全社会的凝聚力和向心力。再次，文化发展有助于提升国家的文化软实力，增强国际文化影响力。通过推广中华优秀传统文化、传播当代中国的文化成就，国家能够在国际舞台上展示独特的文化魅力，提升国家形象和国际竞争力。最后，文化发展对于社会的和谐稳定具有积极作用。通过传承和弘扬优秀传统文化、加强文化交流互鉴、推动文化多样性发展等方式，文化发展能够增进不同地区、不同民族之间的相互理解和融合，促进社会各界的和谐共处和良性互动。

五、公共文化服务迈上新台阶

近年来，我国政府在文化领域推动了一系列重要的公共文化工程项目，取得了显著的成绩。政府始终关注公众的文化需求，致力于提供公共文化服务，保障公民的基本文化权利。首先，政府加大了对公共文化事业的投入。国家不断增加对公共文化事业的财政投入，推动公共文化服务基础设施建设。这包括公共图书馆、博物馆、美术馆、文化馆以及乡镇综合文化站等场所的建设与改善。其次，公共文化服务的受益人群不断扩大。公共图书馆、博物馆、美术馆、文化馆以及乡镇综合文化站等场所免费向公众开放，为人们的文化活动提供了场所。这使得更多的人能够接触到文化资源，享受公共文化服务的便利。最后，一些重要的公共文化服务工程取得了重要进展。例如，广播电视村村通工程和全国文化信息资源共享工程等，为公共文化服务领域的创新提供了新的成果。这些工程的实施扩大了公共文化服务的覆盖范围，并促进了公共文化服务的多样化和便利化。

目前，现代公共文化服务体系建设取得了重要进展。相关的法律政策也进一步完善，为公共文化领域提供了更好的法治保障。公共文化服务的财政保障也得到了加强，为公共文化事业的可持续发展提供了支持。数据显示，中国已建成了遍及城乡的文化设施网点，至 2000 年底，中国共有公共图书馆 2675 个，群众艺术馆 390 个，文化馆 2907 个，文化站 42024 个，农村集镇文化中心 22171 个，图书室 59312 个，基本形成了覆盖城乡的群众文化网络。[①]

（一）贫困地区小康建设的重点在经济，难点在文化

贫困地区所面临的文化观念滞后、文化产品匮乏以及枯燥的文化生活等问题已成为全面建成小康社会的瓶颈。这种精神上的"贫困"也滋生了消极思想，如"等、靠、要"，进而导致家庭缺乏生存能力，造成贫困代际传递。解决这些问题需要在文化小康建设中给予严肃关注。当前，文化小康面临着扩大总量、丰富品种、优化结构和加强供给侧结构性改革的现实问题。在经济社会发展，特别是文化事业领域，仍然存在一些"短板"，文化小康也面临着基础建设、弥补"短板"和促进均衡发展等突出矛盾。党的十八大以来，全国各地的文化部门坚定文化自信，坚持新发展理念，着重解决"短板"问题，提高文化服务效能，并大力推进基本公共文化服务的标准化和均等化。同时，丰富高质量的公共文化产品供给，使公共文化服务体系建设迈上新台阶。

重点依据《中华人民共和国公共文化服务保障法》，各地加大了转移支付力度，加快提升革命老区、民族地区、边疆地区和贫困地区的公共文化服务能力和水平，

---

① 闫莹雪. 以数字产业赋能文化高质量发展 [J]. 奋斗，2022(10).

促进全国范围内公共文化服务的均衡协调发展。持续深化文化领域的供给侧结构性改革，完善文化需求传导机制，鼓励和吸引全社会参与文化创造和文化供给。让群众不再被动接受，而是能够自主选择，使群众不仅能够读书、看报、听广播、看电视、看演出，还能够理解艺术、学习非物质文化遗产、掌握独特技能、组建团队、举办演出、办春晚、创造品牌。我们需要改变"各自为政"、孤立的零散格局，建立设施互联、资源共享、服务联动、城乡一体的文化网络体系。积极运用现代先进科技，改变小众化、近距离的服务方式，最大限度地释放文化发展潜力和服务效能。

（二）文化消费升级成为新经济增长点

随着物质生活水平的提高，消费成为一个突出的议题。在消费升级时代，文化消费的升级成为大众生活品质提高和变革的象征，公众对文化消费的期待和市场潜力使其成为新的经济增长点。根据国家统计局的数据，2019年我国人均教育文化娱乐消费支出达到2513元，增长了12.9%，占人均消费支出的比重为11.7%。我国的文化消费综合指数呈现整体上升的趋势，未来文化消费在日常消费中的比重还将增加。为了满足人民日益增长的文化需求，我们需要从两个方面努力。

首先，我们需要创作更多与时代相匹配的优秀作品。这要求我们在文艺创作上做出更多无愧于时代的精品力作。党的十八大以来，我国文艺领域涌现出了许多广受欢迎的优秀作品。然而，不可否认的是，文艺创作在一定程度上仍存在数量多而质量不高等问题。因此，下一步我们需要繁荣文化艺术创作生产，优化文化产品结构和供给方式，完善与现代社会相适应的文化设施体系。同时，我们还要大力推进全民阅读、全民艺术普及、全民优秀传统文化传承、全民健身、全民普法、全民科普等工作，引导人们自觉追求丰富健康的精神生活。其次，在发展文化产业方面，我国有许多令人骄傲的数据，如世界图书出版数量第一、电视剧制播数量第一、电影银幕数量第一。近年来，通过"互联网＋"战略，我国改造提升传统产业，加快发展移动多媒体、网络视听、数字出版、动漫游戏、3D 和巨幕电影等新兴产业，推动上网服务、游戏游艺等行业蓬勃发展。

（三）文化小康还有更大发展空间

为了满足人民群众对美好生活的新期待，我们必须提供丰富的精神食粮，进一步发展和提升文化小康。第一，促进城乡公共文化的协同发展，改变城乡公共文化发展不平衡的状况。通过发展文化惠民项目，农村居民可以享受到与城市居民一样丰富优质的数字化公共文化产品和服务，从而促进城乡公共文化的协同发展。第二，实现文化公益性和市场性的有机融合，使公共文化服务的社会效益与文化产业化的经济效益得到协调发展。近年来的各种文化消费惠民举措提高了文化消费的便捷程度，改善了市场环境，使公益性的公共文化服务提质扩容，同时也使市场性的文化产品更加丰富多样。第三，将科技硬实力与文化软实力有机结合。促进优秀传统文化内容、社会主义核心价值观与现代技术形式的相互融合，开启基于 5G、超高清、人工智能等技术的公共文化数字化新时代，以改变我国近年来硬实力与软实力提升不平衡的状况。我们需要推进公共数字文化建设，各地方政府应加快构建公共文化信息中心，完善配套电子设施，尤其要确保乡村数字文化服务全覆盖。第四，国家形象与公民形象的互动式双向塑造。提升全民的文化素质才能彰显文明大国形象。国家积极实施文化惠民工程，旨在提升全民道德素质和文化素养，群众可以享受到质量更优、水平更高的文化盛宴，从而丰富自身的文化涵养，实现国家形象与公民形象的互动式双向塑造，营造友善互助、积极健康的文明社会风气。

总之，文化小康对于提升国家文化软实力、展示大国文明形象、筑牢中华民族共同体意识、凝聚核心价值观认同、塑造良好公民形象具有重要意义，为实现第二个百年奋斗目标奠定了深厚的文化基础。

第二章

文旅融合背景下群众文化活动发展趋势

　　"十四五"时期我国将进入新发展阶段，全国文旅行业发展呈现"文旅融合、高品质生活、高质量发展"的"一融两高"新态势，文旅市场需求和供给两侧都发生重大变化，文旅产业进入了品质发展新时代。

　　以文化和旅游部为主导，国家陆续出台了《促进乡村旅游发展提质升级行动方案（2018年—2020年）》《文化和旅游部关于提升假日及高峰期旅游供给品质的指导意见》《国家级文化生态保护区管理办法》《推动文化和旅游高质量发展战略合作协议》《关于促进旅游演艺发展的指导意见》等多项促进文旅产业融合和提升文旅产业高质量发展的政策法规和指导措施。

　　相关部门多次组织召开了文化和旅游专题论坛和会议，比如，2018文化和旅游扶贫论坛、全国发展乡村民宿推进全域旅游现场会、全国旅游厕所革命工作推进现场会、2019年全国文化和旅游厅局长会议、文化和旅游部2019年全国产业发展工作会议、2020年全国文化和旅游厅局长会议等，不断深化布局文化旅游融合与文化旅游高质量发展工作。

文旅融合背景下开展群众文化活动的重要性

当前，旅游凭借坚实的市场基础、多样的表现形式和丰富的精神体验，逐渐融入人们的日常生活。发展旅游可满足人的精神需求，提升人的精神境界，增强人的精神力量。那么，如何更好地用文化引领旅游发展，用旅游促进文化繁荣，在文旅融合中实现文化的传承创新？

一、满足当地文旅产业建设需求

随着现代文化旅游业的持续崛起，群众文化活动不再仅局限于传统的文化展演，而是成为旅游业发展中不可或缺的重要一环。该现象对当地文旅产业建设提出了新的需求，并伴随着必须面对的挑战。文旅产业的蓬勃发展需要群众文化活动与之相适应，创新其内容、方式，以及服务模式，以实现产业互补和融合增值。

在当前的文化旅游发展中，互动融合不再是一个单纯的概念，而已经成为指导产业发展的重要原则。游客对于深度文化体验的渴望推动了文旅融合向更高层次的追求进发。当地文化的多维展现成为旅游行业的一大亮点，其丰富多样性和鲜明的地域性正是吸引游客的核心竞争力，为文化活动的展开打开了更加广泛的空间。这种需求的上升，要求当地文旅产业在构建自身发展战略时，必须将群众文化活动的规划纳入其中，不断拓宽文化活动的维度，创新体验模式，进一步巩固和提升旅游产品的市场地位。

为了实现文旅产业与群众文化活动的深度融合，活动的策划和实施需要转向更为系统且具有战略性的方向。策划者不仅要关注活动本身的吸引力和互动性，更应深度挖掘地方文化的独特内涵，以历史脉络为线索，以风土人情为背景，以艺术风貌为载体，全面整合文化资源。对本土文化元素的创新性演绎和多角度展示，既能够激活传统文化，也能够架设起联系当代群众和游客的桥梁。地方特色的节庆、传统工艺的现场示范、民俗文化的互动体验，这些以群众参与为核心的文化活动，不仅成为旅游景区生动的活动，赋予旅游景点新的生命力，而且能显著提高旅游体验质量，延长游客在景区的滞留时间。

群众文化活动对促进居民与游客之间的正面互动起到了至关重要的作用。在深入的文化交流和分享过程中，不但让游客深刻感受到地方文化的独特魅力，还鼓励当地居民主动参与到文化传承与推广之中，这种双向互动模式极大地促进了文化的传播与发展。当地居民在为游客呈现地方文化的同时，也在重新发现并确认他们对本土文化的自豪感及归属感，对激活公民文化自信、强化地域文化认同感，具有显著影响。因此，群众文化活动不单是旅游体验的增色剂，更是地方文化软实力的表现，对地方文旅产业的蓬勃发展和持久吸引力发挥了关键作用。

二、丰富群众文化艺术活动内容和形式

文旅产业的螺旋式上升，标志着游客对于体验深度、文化价值和个性化服务的追求日益增长。相较于以往游客对于景点的简单游览，现代游客更倾向于寻求一种文化沉浸式的旅行体验，他们渴望通过旅游深入了解当地的文化和传统，体验地方特色活动。因此，现代文旅产业对群众文化活动提出了两大需求：一是创新活动内容；二是提升体验质量。这对组织者来说，既是一个挑战，也是一个机遇，需要他们深入挖掘本地文化资源，创新活动形式，以吸引和满足游客的需求。

在这样的背景下，开展具有地方特色的群众文化艺术活动尤显重要。这些活动不仅能满足游客对于文化深度体验的需求，也能促进当地文化资源的保护与传承，推动文旅产业的共同发展。

在文化旅游融合的当代背景下，群众文化艺术活动越来越被认为是提升旅游目的地吸引力的关键因素。这些活动不仅仅是对传统文化的简单再现，更是文化内涵与创新展现的平台。通过精心设计与组织的群众文化体验活动，如节庆庆典、

民俗艺术表演、工艺技艺体验等，游客可以接触到一个地方最真实、最鲜活的文化表现形式。这样的体验非常直接地呈现了一个地方的文化自信与特色，也满足了来自世界各地游客的不同文化探索需求，显著提升了旅游目的地的魅力与竞争优势。

更为重要的是，这些群众文化艺术活动在激活当地文化遗产、推动文化创新上起到了积极作用。传统文化元素的再诠释，并不是简单地复制传承，而是要通过现代的理念与技术手段进行重新包装和再创造。这种方式不但能保持文化传统的连贯性和纯粹性，而且能以更加生动的形式把传统文化的精神内核传递给当代社会，对于保护与发扬本土文化遗产至关重要。

群众文化艺术活动也是社区参与和社会融合的一个重要媒介。通过各种文化形式的活动，游客与当地居民之间的互动不再仅限于表面的交流，而是有了更深层次的文化连接和情感共鸣。当地居民在参与活动的过程中，不仅可以认识来自不同背景的游客，而且更能在互动中加强自己对本地文化的了解和热爱，增强社区的凝聚力和文化自信。这种积极参与不仅使文化交流成为可能，还推动了社区经济的发展，为经济和社会全面进步作出了贡献。

因此，群众文化艺术活动在文化旅游发展中扮演的角色不容忽视，这不仅关乎一个地方的旅游吸引力，更关乎文化传承、创新与社区融合的大局。通过精心的活动设计与组织，群众文化艺术活动将继续推动文旅融合向深度和广度发展。

三、满足群众精神文化需求

当前，文化和旅游逐渐融为一体，相辅相成，制定了新的产业发展路径。其中，文旅产业的崛起不仅标志着经济发展的新趋势，更体现了群众对于精神文化生活需求的提升。这种转变促使我们必须重新审视群众文化活动的角色与价值，以确保它们能够有效地满足这一时代的需求。

随着社会经济的快速发展和生活水平的显著提升，人们的物质需求逐渐得到满足，这倒逼着大众开始更加关注精神层面的追求和满足。在这样的背景之下，个体对于精神世界的深层次探求成为一种普遍现象，人们开始寻找更多的方式以丰富自己的心灵世界和提升个人的文化水准。群众文化活动，以其鲜活的展现形式和浓厚的文化内涵，为广大人民提供了一个重要的精神滋养的途径，成为连接过去和未来、沟通自我与社会的桥梁。群众文化活动之所以能够成为满足人们精神文化需求的重要途径，在于它们充分利用了文化的生动性和深度。这些活动往往结合了地方的历史文化、传统习俗和艺术形式，不仅能够展示丰富多彩的文化景观，还能激发人们对文化价值和意义的思考。如通过节日庆典、传统戏剧表演、文化遗址参观等方式，观众不仅能直观地感受到文化的魅力，还能在亲身体验中获得对文化的深入理解和认同，提升文化自信和民族自豪感。进一步而言，通过参与群众文化活动，人们能在共享文化价值的同时，增进对文化多样性和文化遗产的认识与尊重。在一个多元化的社会背景下，理解和尊重不同的文化传统和价值观是构建和谐社会的重要基石。群众文化活动提供了一个开放和包容的平台，让不同文化背景的参与者能够交流互鉴，促进了文化的相互理解和融合。此外，文化活动的参与还是个体文化自觉和文化自信形成的重要过程。在这一过程中，个人不仅是文化传承和创新的参与者，更是文化自信的构建者。通过学习和体验本国及其他国家的文化精粹，个人能够更加深刻地认识到本民族文化的独特价值，从而增强文化自信，推动文化的传承与发展。

在全球化的今天，文旅融合已不仅是一个部门的战略规划，更是一种社会文化发展的必然趋势。它强调的是一种文化与旅游业务间的相互促进和共同进步，其中，开展群众文化活动的意义更是不言而喻。这样的活动对于游客而言，是一次心灵与文化的邂逅；对当地居民来说，则是一种精神文化生活的丰富和提升。文旅互动的新模式不仅仅是地方推广的一种手段，更代表着文化的自我更新与创新表达，它引导每个人参与其中，体验文化的生命力，并发现自我与社会的紧密联系。在文旅融合的具体实践中，专注于文化特色的产品开发尤为关键。依托当地的历史文化遗产与资源，设计并推出系列文化体验活动，不仅可以突出地域特色，提升旅游吸引力，还可以满足游客对于深度文化体验的追求。历史再现演出让观众穿越时空，感受历史的韵律；文化遗址的互动导览增加了游客与文化遗产的互动性，提高了文化参与感；而手工艺品的创作体验则让游客亲手触摸文化，体验从无到有的创造过程。这些活动不仅赋予了旅游产品更加深远的文化价值，更让文化传承变得生动起来，变成了一种可以触摸和体验的存在。同样，艺术展览与文学朗读会这类活动，提供了群众直接参与文化艺术的机会。它们不只是简单的观赏，更是一种文化交流的平台，为公众了解艺术提供了条件，激发了普罗大众的艺术兴趣与创作激情。当群众亲自参与到艺术创作与交流的过程中，他们的文化参与感和创作驱动力将会被显著增强，这对于激活民众的文化生活，提升整个社会的文化素养有着不可估量的作用。

四、凸显基层文化馆的职能作用

在如今这个文旅产业迅猛发展的时代背景下，基层文化馆在开展群众文化活动中的职能作用日益凸显。文旅融合提出了旅游与文化相结合的新模式，对传统的基层文化馆提出了更高的要求，同时也赋予了它们新的使命和挑战。

基层文化馆在当代社会扮演着至关重要的角色，它们不仅是地方文化传承和发展的重要基地，也是普及文化知识、丰富群众精神生活的中心。这些机构通过其独特的功能和职责，将地方文化的精髓和多样性介绍给公众，提供了一个展示地方文化特色和历史遗产的窗口。面对文旅产业不断扩展的现状，基层文化馆正面临着前所未有的机遇与挑战，它们需要找到新的方法和途径，以更灵活、创新的方式融入文旅产业的大潮，充分利用自身资源，拓展服务范围，丰富文化活动形式，以更好地服务公众，推动文化传承和旅游发展。

为了应对这一挑战，基层文化馆需要积极探索如何将文化资源与旅游资源有效结合。对现有收藏的深入挖掘和创新展示，使每一件文化遗产都能讲述自己的故事，引发游客的兴趣和共鸣。此外，基层文化馆能够依托本地丰富的文化资源，如非物质文化遗产、地方特色艺术等，开发一系列文化旅游产品和活动，如手工艺体验工作坊、传统节日的现场体验、地方文化主题游等，增强了旅游的文化内涵，也让游客在游览的同时，对当地文化有了更深刻的了解和体验。

同时，基层文化馆在策划和推广文化活动时，应注重活动的创新性和参与性，让公众和游客不仅能够观赏到丰富多彩的文化表演，更能够深度参与其中，体验文化的魅力。通过组织各类与地方文化特色相符的群众文化活动，如地方艺术家作品展、民间艺术表演、历史人物和事件的纪念活动等，不仅可以激活地方文化，提升地方文化的知名度和影响力，还能够为文旅产业的发展注入新的活力，促进文化与旅游的深度融合。这些活动丰富了旅游产品，也让文化真正成为连接当地社区和外来游客的桥梁。

基层文化馆在促进文旅产业深度结合和共同发展中扮演着举足轻重的角色。它们是文化传承和创新的场所，也是旅游目的地的重要组成部分。通过举办具有吸引力的文化活动，基层文化馆可以增强文化与旅游的连接，提高当地的文化影响力，从而深化文旅融合的内涵，推动当地文化和旅游产业的共同繁荣发展。这能够满足当代社会对群众精神文化生活的要求，更是地方文化传承和发展的重要支撑。

文旅融合背景下群众文化活动发展现状

面临"一融两高"新局面带来的机遇与挑战，文旅行业需从供给侧发力，坚持以人为本、生态优先、质量引领、项目带动、品牌驱动、科技赋能、扩大内需、创新营销八项举措，系统化梳理新需求，统筹考虑发展新供给，满足人民日益增长的美好生活需要，推动文旅融合高质量发展。当前群众文化活动面临如下问题。

一、群众文化艺术活动组织能力较弱

在文化与旅游深度结合的背景下，可以观察到群众文化活动整体上面临一些共性的挑战，其中之一便是组织能力上的不足。这一现象在多个层面上表现出来，如涉及活动策划的原创性、资源整合的效率、活动推广的有效性以及参与者经验的深度。

深入洞察群众文化艺术活动的发展现状，我们发现活动策划的原创性和新颖性严重不足成为一个普遍存在的问题。许多活动沿用旧有的观念和模式，导致活动内容和形式的雷同现象层出不穷。例如，地方节庆、艺术表演等活动，往往重复同样的主题和剧目，缺少创新和个性化的元素。这对于那些带着好奇和探索心态的游客来说缺乏吸引力，他们寻求的是独一无二，具有地方特色的新颖体验。当文化活动失去了独特性和创新性，难以引发游客的兴趣，也会减弱其在文旅产业融合中的促进作用，使得文旅融合失去应有的活力和效益。

再来看资源整合的能力，这在群众文化活动的开展中同样关键。当前很多文化艺术活动在整合当地文化资源和旅游资源方面存在明显短板。理想的情况是，各类资源应相互配合，共同打造丰富多彩的群众文化产品，但现实往往是资源分散、协调不畅。不少活动因为缺乏有效的资源整合机制而难以实现潜在的影响力，如同拥有一座金矿却无力开采。这使得宝贵的文化以及艺术资源未能得到最有效的利用，潜在的旅游增值时机也因此流失，导致群众文化活动的内在价值和对外吸引力大打折扣。

在现代社会的快速发展背景下，信息传播方式发生了根本变革，特别是互联网和社交媒体的兴起极大地改变了人们获取信息和交流的方式。然而，尽管如此，很多组织在群众文化艺术活动的推广和宣传过程中仍旧依赖传统的方式，例如通过报纸广告、海报张贴或是口口相传等方式进行宣传。这些传统的推广方式固然有其价值，但在现代化社会的大背景下，它们的覆盖范围和效率远远不如数字媒体。特别是对年轻一代而言，他们日常生活的重要一部分已转移到线上，通过社交媒体、网络论坛等渠道获得信息和娱乐，因此，缺乏对这些新兴传播途径的有效利用，无疑将导致这些文化活动难以触及广泛的年轻受众，失去了吸引这一重要人群参与的机会。

此外，参与者体验的不足也是群众文化活动面临的重大挑战之一。组织者往往忽视了从参与者角度出发来设计和管理活动的重要性，这包括活动的整体流程设计、现场管理、互动体验等方面。在很多情况下，参与者在活动过程中可能会遇到诸如组织混乱、信息不明确、服务态度欠佳等问题，这些问题直接影响到他们的体验质量，进而影响他们对活动的总体评价和口碑传播。特别是在活动结束后缺乏有效的反馈收集和回应机制，使得参与者的反馈和建议无法被及时了解和采纳，不仅错失了改进和优化活动的机会，也使得活动难以形成持续的吸引力和参与度。

总体而言，这些挑战反映了当前群众文化艺术活动在组织能力方面存在的局限，这直接影响到文旅融合的深度和广度，以及文化活动在群众心中的影响力。只有认识到这些现状，对症施策，才能在未来的发展中找到突破点，真正提升群众文化艺术活动的整体质量和效益。

二、文化馆建设不完善

在文化旅游融合的背景下，文化馆的建设情况直接影响到群众文化活动的质量和效果。当前，对于许多地区而言，文化馆建设的不完善已成为一大制约文旅融合发展的问题。这种不完善的现状主要体现在硬件设施、服务功能、活动内容以及管理系统等多个方面。

众所周知，文化馆的物理环境是影响访客体验的关键因素之一。然而，不少文化馆的硬件设施无法与时俱进，其中建筑的老化问题尤为显著，一些馆体的维护不足导致了建筑的损坏和功能退化。此外，内部空间受展厅面积的狭小等限制，影响了展览的规模和观展的舒适度。技术设备方面的滞后，在数字时代下尤其突出，既包括展示用的音视频设备，也涉及互动式展览的信息技术设备。这些问题合在一起，可能导致文化馆的空间利用不足，参观体验质量下降，展示形式单一化，无法从根本上满足日益增长和多样化的文旅需求。

在服务功能方面，文化馆的不足同样值得关注。在资源分配有限的大背景下，许多文化馆面临专业人才短缺，这直接影响到了服务质量和项目多样性。特别是对于具有特殊文化需求的群体，比如孩童和老年人，他们需要更多细致入微的文教项目和互动活动，而这些往往是资源不足文化馆所无法提供的。这类服务的缺失不仅在于数量上的不足，还包括在内容上与本土文化的契合度不高，缺少能够体现地方特色、吸引本地居民和外来游客参与的特色服务。这种多方面的服务功能不足，限制了文化馆在文旅融合背景下的作用发挥，也影响了它对不同群体、不同年龄和不同兴趣背景游客的吸引力。

许多文化馆虽然肩负起传播地方文化、丰富群众精神生活的重任，但在实际操作中，它们提供的文化活动往往同质化严重，缺乏多样化和创新。这些活动在形式上过于陈旧、内容上缺乏新意，很难引起现代社会公众的共鸣，尤其是对于年轻人和具有高文化需求的群体而言，这样的活动难以触及他们的兴趣点。此外，活动的更新频率不够，不能及时反映社会最新动态和文化潮流，从而在激烈的文化市场竞争中失去了活力。如果文化馆不能及时调整活动策略，充分利用其文化资源优势，将难以在推动群众文化进步、满足群众日益增长的文化需求中发挥其应有的作用。

管理系统的不完善同样是目前许多文化馆亟待解决的问题。一个现代化的文化机构，其管理体系应当高效、灵活并富有创新精神，然而在现实中，一些文化馆的管理模式仍然停留在过去，缺乏制度创新和灵活性。从策划到组织再到宣传，各项工作频繁出现不协调的现象，这不仅影响了文化馆的内部运作效率，也限制了其对外部合作和资源整合的能力。管理体系的僵化，使得文化馆在面临新挑战和快速变化的社会需求时，往往反应迟缓、适应力不强，无法有效捕捉并利用新机遇，制约了文化馆的长远发展和社会功能的全面实现。

从以上几个方面可以看出，文化馆建设不完善在一定程度上制约了群众文化活动的质量和文旅产业的发展。作为文化传播的重要场所，文化馆需要反映时代的进步，适应群众的需求变化，才能有效推动文化与旅游的深度融合。

三、缺乏文旅融合意识

在当前的发展背景下，文旅融合已成为推动文化和旅游行业创新发展的关键策略。然而，在这个过程中，从地方政府到基层文化馆，再到文化活动的主办方和旅游业的从业者等各个责任方对文旅融合深层意义的认识仍显不足。这种认识的局限性不仅蕴含在对文旅融合重要性的理解上，更体现在它有效促进地方经济与社会发展的具体实践中。在策划及执行文化活动的过程中，对旅游资源的整合运用不够深入，未能充分挖掘和满足旅游市场对文化产品的深层次需求。这种现象凸显出了责任主体在推动文旅融合过程中存在的策略性盲点。

在文旅融合的具体实施过程中，可以看到明显的操作技巧和路径上的认识缺失。尽管众多群众文化活动在策划阶段被赋予了文旅融合的高度理念，但在落实到具体行动时，很多项目实际上并未真正融入这一理念。这种断层主要是由于缺乏创新探索的勇气和思维的惯性所引起。仍然采取旧有的活动框架和运作模式，缺乏将文化内涵与旅游体验有效结合的实践探索，导致了资源利用的局限性和活动效果的平庸性。这种仅停留在表面的融合，不但没有形成具有地方特色的文化旅游新产品，衍生更多的文化消费亮点，也未能充分激发当地文化旅游的内在活力和外在吸引力。

同时，观察社区层面上对文旅融合的认识和参与程度，不难发现其在推动群众文化活动实质性融合中的短板亦非常明显。社区是实现有效文旅融合的基础平台，其应积极参与并支持相关活动的开展，然而现状显示了其在这一进程中的被动和缺位。社区内对文旅融合价值的认知程度不足，以及在具体操作时所表现出的迷茫和无从下手，导致了社区参与文旅活动的不活跃，而这种不活跃又反过来抑制了社区内文化旅游潜力的激发。缺乏创新驱动和探索实践的意愿，使得许多具有发展潜力的项目未能实现，多元化和个性化的文旅融合模式也因此难以在社区层面上生根发芽。

综上所述，无论是在策略制定、项目执行还是社区参与方面，现阶段对文旅融合的整体认识和操作存在明显不足，这限制了文旅融合实践在促进地方文化与旅游发展中的潜力。为将文化旅游发展推向更深层次，加强对文旅融合战略意义和实施路径的深入理解和应用显得尤为重要。

文旅融合背景下开展群众文化活动的原则

在文旅融合背景下，群众文化活动的原则要坚持"小型多样，欢庆吉祥，内容健康，安全有序"的原则，以乡、村、社区活动中心为主阵地开展文化活动，坚持群众自娱自乐、就近集中、安全稳定、和谐文明的原则。

一、以展现地方文化特色为核心

（一）保持文化真实性

维护地方文化的真实性是开展群众文化活动必须遵循的首要原则，其核心在于对本土文化深厚底蕴的严格呈现和精准传达。在这一准则下，所有文化活动的设计和呈现必须紧扣地方文化的真实性和原生态，保证其原汁原味地展现给公众，从而营造出深厚的文化氛围和体验。

保持文化真实性的实践要求活动策划者拒绝对本地文化进行任何形式的化妆或断章取义。也就是说，在整个文化传播过程中，地方的历史与传统应当被如实地介绍和解读，没有任何歪曲或夸大其词。为了做到这一点，策划者需要深入研究和理解本地文化，甚至是对地方的方言、风俗、宗教信仰、艺术形态等进行悉心的挖掘与记录。例如，录制传统工艺的手作过程、制作地方传统服饰的展示、重现历史事件的剧场演出或是举办地方美食的品鉴会，这些活动都能使人们近距离感受到地方文化的韵味和深度。

在文旅融合的背景下，保持文化活动真实性还需要强调对地方文化符号和图腾的保护。活动内容的设计不能仅仅停留在表象的模仿上，更应深挖其背后的文化意涵和精神寓意，如地方神话、传说故事的重新演绎，以及历史人物传奇的现代重现等，应以尊重和细腻的态度对待每一处传统细节，从而避免走向文化滥用和误读的误区。同时，保持文化活动真实性的原则，要求参与者能够在体验中获得深度的文化启迪和感悟。活动策划者不仅需提供给参与者外在的观赏机会，更需设计交互式的体验环节，使其能够在参与中体验和领悟文化深层含义。比如，设立文化工坊让参与者亲手体验传统手工艺，或者通过角色扮演的方式让他们置身于历史故事之中，这样的互动性设计可以使参与者在体验中与地方文化产生持久的情感联结。

（二）突出文化差异性

地方文化的独特性和差异性可以通过一系列富有地域特色的文化元素来体现，这些元素代表了一个地区的历史沉淀、民族风情和生活哲学，如传统建筑、民族服饰、本地方言、地方传说、风土人情等。仔细剖析这些文化元素，不难发现，其中蕴含着丰富的文化信息和社会价值，它们是文旅融合不可替代的资源。群众文化活动需要将这些元素中的独特性和差异性放在显著位置，通过各种方式使其生动地呈现出来。这不只要求准确还原这些文化元素，并使其具有可感知性，还必须使其具有互动性和参与性，让群众及游客能够亲身体验，形成更加直观和深刻的文化认知。

此外，展现地方文化特色还要求挖掘和强调那些地区特有的故事和符号。这些故事和符号往往与地区的自然环境、社会历史和群体心理密切相关，它们不仅是地方文化的记忆符号，也构成了地方精神的集体象征。对这些故事和符号的再现与传达，比如举办以地方历史事件为背景的重现戏剧节、开展以地方传说为主题的故事工作坊、设置以地方符号为原型的互动展览等形式，可以使地方文化的独特性和差异性得到有效传播，并激发出广泛共鸣。

要实现这一目标，需要对地方文化进行深入的挖掘和精心的策划，更需建立一套多方参与、多渠道协作的推广体系。这意味着在地方政府、文化机构、旅游组织、教育机构、媒体平台以及社区团体之间建立有效沟通，并形成良好的合作关系。将地方文化的多样性与独特性转化为群众和游客可以触及、感知和互动的实际内容，需要所有参与者的共同努力。

二、以积极调动群众参与为原则

（一）鼓励主动参与

在文旅融合的进程中，将群众从活动的观察者转变为参与者，是实现文化共享和推广的关键一步。促进群众主动参与的原则旨在通过各种手段和策略，唤醒群众对于本土文化和活动的兴趣与热情，进而积极加入文化活动的创造和体验中。这种参与方式能够极大地提升活动本身的生命力和吸引力，同时对于增进群众的文化认同感和归属感也具有深远的意义。

为了激发群众的参与热情，活动的设计需具备高度的互动性和趣味性。这要求活动策划者深入了解目标群体的需求和兴趣点，创造多样化的参与形式，比如互动式工作坊、角色扮演游戏、文化寻宝活动等，这些形式能够让群众在参与的过程中，既享受到了乐趣，又能够深入地了解和体验到文化的内涵。通过打破常规的展示和讲解模式，引入更多元化和体验式的活动内容，不仅可以吸引更多人的参与，还能在活动中创造出意想不到的创新和互动。

要增强基层群众的文化认同感和自豪感。群众的主动参与是增强其对地方文化认同感和自豪感的有效途径。参与者在体验和参与地方文化活动的过程中，能够更直观、更深刻地感受到地方文化的独特魅力，进而产生对地方文化的认同感和归属感。此外，让群众扮演更为积极的角色，如成为文化活动的志愿者、讲解员或是活动的组织者，不仅能够使他们更深入地参与到文化传承与推广中，更能够在这一过程中培养出对本土文化的自豪感和宣传推广的使命感。在群众参与的驱动下，文化活动将成为连接过去与未来、连接自我与社区的桥梁，进而形成更紧密的地方共同体。

（二）支持多元参与方式

在文旅融合的实践中，积极调动群众参与成为关键的驱动力，其中提供多元的参与方式是实现此目标的重要原则。这种多元化不仅涉及参与的形式，同时覆盖了不同群体、不同年龄段参与者的需求和偏好。实践这一原则的过程中，策划者需要深入挖掘并充分利用各种资源和平台，确保文化活动的普及与推广能够到达社会的每一个角落。

针对现场互动的设计要求创新多样，满足从儿童到老年人的不同文化需求。例如，通过设置亲子互动游戏、青少年创意工作坊、老年人传统文化分享会等环节，使活动现场成为一个多元文化交流的社区，让每一位到场的参与者都能找到属于自己的文化体验角色。这样的设计不仅丰富了活动内容，也提升了互动定向性与参与意愿。

还可以借助互联网技术，使文化活动覆盖面进一步拓展。通过线上直播、虚拟展览、网络互动等形式，可以将传统文化和现代文化巧妙结合，为不同地点、不同时间的人们提供参与的机会。尤其是虚拟技术的应用，它能够突破地理和时间的限制，让更多人以新颖的形式体验文化魅力，激发更广泛的群众对文化活动的兴趣。

深入社区开展文化活动，还可以使文化的传播和体验更加贴近群众的日常生活。社区文化活动通过挖掘社区内的文化资源，结合社区居民的实际需求，定制化地策划一系列文化交流、学习和体验活动，有助于增加居民的参与感和归属感，促进社区文化的传承与创新。

值得一提的是，文化志愿服务作为一种特殊的参与方式，为群众提供了学习、传播和实践文化的平台。通过策划与执行志愿服务项目，参与者不仅能够提升自己的文化素养和组织能力，还能通过个人的实际行动促进文化的传承和发展。

第三章

群众文化活动的受众管理及队伍建设

　　基层宣传工作涉及面广、工作量大，需要一支专业素质过硬的宣传队伍来承担。因此，要注重对基层宣传工作人员的培养和培训，提高他们的业务能力和宣传水平，使年轻优秀的宣传队伍健康茁壮成长成为行家能手。在当下转型期的中国,文化惠民,就要还文于民，还文于社会，以实现公共文化服务的社会化提供、管理，并最终以全社会的文化自觉创造文化发展的新高度。

群众文化活动的受众管理

只有不断完善文化惠民政策和设施才能不断催生文化自觉，文化惠民是实现文化自觉的重要途径。文化惠民，就是要以"新美特"的文化内容和文化形式，为广大群众带来健康、丰富、优美、务实和个性化的文化产品、文化工程、文化活动和文化服务，这样才能引起最广大人民群众的热情关注、积极参与和踊跃创造。我们要创新"文化交流、城乡互动"的群众文化发展模式，使广大群众变身文化建设的主角，城乡群众文化得以激活。这些都是在以文化的魅力真正把群众动员起来、吸引过来，让参与其中的每一个人都能受到文化的润泽和感染，激发人们的文化自觉，变被动为主动去接受文化、创造文化。

一、青少年

2022年，文化和旅游部办公厅、教育部办公厅、国家文物局办公室联合印发《关于利用文化和旅游资源、文物资源提升青少年精神素养的通知》（以下简称《通知》）。《通知》从创新利用阵地服务资源、推动优质服务进校园、推进"文教合作"机制等方面提出8项具体举措，要求进一步整合文化和旅游资源、文物资源，利用学生课后服务时间、节假日和寒暑假，面向青少年开展社会主义先进文化、革命文化和中华优秀传统文化教育，培育广大青少年艰苦奋斗、奋发向上、顽强拼搏的意志品质，丰富青少年文化生活，提升青少年精神素养。

青少年的精神素养影响着国家未来。青年兴则国家兴，青年强则国家强。年轻人有理想、有担当，国家有前途，民族有希望。要坚定理想信念，教育引导广大青少年树立远大理想，增强青少年的中国特色社会主义道路自信、理论自信、制度自信、文化自信，从而勇担时代重任。新时代的中国青年人，通过经典文化汲取前行力量，培养良好的精神文明素养，必将在文化传承与发展中续写中华民族新的辉煌。向青少年开展社会主义先进文化、革命文化和中华优秀传统文化教育，有利于培育广大青少年艰苦奋斗、积极进取、奋发向上、顽强拼搏的精神品质，有利于丰富青少年文化生活，培育文化内涵，提升青少年精神素养。

（一）青少年文化活动需求分析

在开展青少年文化活动需求分析时，要从青少年发展的心理学和教育学角度出发，深入理解青少年在不同年龄阶段的成长需求和心理变化，以保证文化活动的设计能够切实贴合青少年的实际需要。

首先，我们要清楚青少年成长阶段与文化需求。婴儿期至青少年期，在认知、情感和社交能力等方面经历着迅速的发展。文化活动需支持青少年在这一阶段形成健全的人格，促进创造性思维的培养，以及社会化过程中必要的交往技能的学习。其次，我们需要详细分析青少年在不同年龄段的兴趣点，如学龄前青少年可能对色彩鲜明的视觉艺术或简单的音乐活动感兴趣，而学龄青少年则可能更加偏向于互动性强、规则性的游戏或体验活动。通过科学的调研方法，包括问卷调查、访谈以及青少年行为观察等，来全面收集数据。需要注意的是，文化活动不仅要满足青少年的兴趣，更要考虑活动在教育意义上的附加价值。例如，故事讲述能够增进青少年的语言能力，而集体性质的艺术创作活动能加强青少年的团队合作意识。并且，家庭环境和社会文化对青少年文化需求有着直接的影响。活动的设计须充分考虑家庭经济状况、文化水平和社区资源等因素，确保文化活动对各类青少年群体的普适性和可接受性。最后，在需求分析的基础上，设计实施策略时要考虑不同文化背景、性别、兴趣等因素。如文化多元性的体现、性别平等的培育等，通过多样化的活动设计，满足不同少儿的文化成长需求。这些分析将为后续青少年文化活动的具体设计提供坚实的理论支撑和实践依据，确保活动能够科学高效地促进青少年的全面和谐发展。在实践中，需要不断收集反馈，对活动进行适时调整和优化，形成闭环的改进机制。

（二）少儿群体的文化活动设计与实施方案

1.认知发展与主题选择

对青少年而言，文化活动的主题选择应与其认知发展阶段相符合。例如，对于学龄前的青少年，可以设计以探索和想象为主题的活动，如动手制作、角色扮演和简单的科学实验等，这些活动有助于培育青少年的好奇心和探索欲。对于稍大的青少年，可以引入更具挑战性的主题，如本土文化教育、自然环境保护意识的培养等，这些活动能够加深青少年对周围世界的认识，培养责任感和自主学习的能力。

2.多样化活动形式

青少年文化活动的形式应该丰富多样，以适应不同青少年的多元需求。可以将绘画、音乐、舞蹈等艺术形式与游戏、故事讲述、户外探索等有趣的活动相结合。多种形式的结合有利于激发青少年的创造力，促进他们的多感官协调发展。更重要的是，活动设计需要考虑到参与性和体验性，让青少年能够积极参与到活动中，通过实践加深对文化内涵的理解。

3.安全与适应性

安全始终是青少年文化活动设计中的首要考量。无论是场地选择、材料使用还是活动流程，都必须确保青少年的身体安全和心理舒适。此外，适应性也非常重要，设计者应根据青少年的年龄、文化背景、身体条件等因素调整活动难度和内容，保证每个参与的青少年都能从中获得正面的体验。

4.教育意义与文化价值

在青少年成长的关键期，文化活动不仅是娱乐，更是教育的重要手段。设计方案中应有意识地将当地文化元素、历史故事、经典文学等融入活动，通过有趣的方式传递给青少年，提升其文化素养和审美情趣。这种设计能够在青少年心中播下文化的种子，影响他们一生的文化态度和价值观。

5.家长与社区的参与

青少年文化活动的实施不应仅限于青少年本身，家长和社区的参与同样重要。设计方案时应考虑如何吸引家长的关注与参与，让文化活动成为促进家庭亲子关系的平台，同时通过社区的资源和力量，扩展活动的影响力和覆盖范围。家长的支持和社区的参与不仅能够提升活动的质量，也能够为青少年提供一个更为稳固和支持的成长环境。

（三）青少年文化活动的参与动力与激励机制

要有效提高青少年参与文化活动的动力，首先需明确青少年参与活动的内在动机和外在动机。内在动机关联青少年的兴趣和好奇心，而外在动机可以是来自家长的鼓励、教师的指导或同伴的影响。设计激励机制时，必须确保两者之间的平衡。

青少年在活动中的自主参与是激发内在动机的关键。为此，文化活动需要具有一定的自由度，让青少年可以根据自己的兴趣选择角色或参与方式。例如，可以通过设立不同的活动站点，每个站点提供不同类型的文化体验，青少年可以自由选择想要参与的站点。此外，成就感是提升青少年参与文化活动动力的重要因素。可以通过设置阶梯式的目标和任务，让青少年在完成每个阶段性目标后获得正向反馈，如表扬、勋章或小礼物，这些正向反馈有助于增强青少年继续参与的热情。

激励机制的设计还应当考虑家庭和教育者的作用。家庭可以通过共同参与活动或在家再现文化活动中的内容，增进亲子关系，同时加强青少年参与文化活动的内在动力。教育者则应通过观察每位青少年在活动中的表现，提供个性化的鼓励和指导，帮助他们克服困难，提升成功体验。社会化激励也不可忽视。同伴之间的互动和竞争可以成为青少年参与文化活动的动力之一。通过小组合作项目或团队竞赛，不仅能促进青少年之间的社交技能发展，还能增加活动的吸引力。首先，创新利用阵地服务资源。建设青少年教育实践基地，打造青少年教育实践基地，保证青少年校外实践需要。增加中小学社会实践活动项目，丰富青少年课后生活。其次，推动优质服务进校园。开展文化进校园系列服务，校企合作，积极开展文化素养培育。结合中小学课程教材和地方特色，遴选艺术培训项目。再次，推进"文教合作"机制。搭建"文教合作"平台，鼓励各地教育行政部门与公共文化机构合作，定期组织学生参观学习。最后，加强组织保障。强化组织领导，政府相关部门对提升青少年精神素养工作进行统筹管理和监督指导，宣传推广典型做法。加强经费、人员、物资等方面保障，支持面向青少年开展活动。

二、职工（工会、企业、单位）

（一）职工文化活动的需求识别与分类

在对职工群体文化活动需求进行识别与分类时，我们应该从综合社会、心理与教育的角度出发，深入挖掘和理解该群体内在的文化诉求。有效的需求识别过程应基于扎实的调研工作，并对收集到的信息进行严谨的分析，以确保活动设计的真正贴合工人的实际需求。

首先，在进行需求调查时，应考虑到职工群体的具体特征，如所处的行业、文化背景、教育程度、年龄分布、性别比例及工作生活条件等，这些因素均可能影响他们对文化活动的需求和参与方式。调查可以采用问卷调查法、深度访谈法、参与观察法等多种方法，以获得全面而准确的数据。其次，根据收集的数据，需求可以分类为几个维度：教育与学习需求，例如技能提升或终身学习；娱乐与休闲需求，例如电影观赏、音乐会参与或图书阅读；社交需求，如社团活动、公共讲座或节日庆典；以及个人成长需求，如艺术创作、语言学习或文化交流等。

在确定需求分类后，应进一步分析不同类别需求之间的联系与优先级，形成一个符合职工实际情况与期望的文化活动框架。例如,对于注重个人发展的工人,可以设计一系列旨在增强职业技能和个人兴趣的课程或工作坊;而对于娱乐休闲向的需求,则可以规划一些轻松愉悦的文化活动和亲子活动,帮助他们缓解工作压力。

通过精细的需求识别与分类工作,职工群体的文化活动可以更为精准地切中其需求要害,不仅充分体现了对职工文化生活的重视与尊重,也极大提高了文化活动的参与率和满意度。这一过程要求我们既要有深厚的专业知识,又要具备高度的敏感度和创新能力。

(二)工会、企业、单位文化服务体系构建

工会、企业、单位在文化服务体系构建中,应重视文化服务体系的多元化与个性化,确保它能够满足不同职工的文化需求。此服务体系要以职工的福祉为中心,旨在丰富职工的精神世界,提升其生活质量,同时也要为提高工作效率和团队凝聚力而服务。

体系构建首先需评估文化服务现状,包括已有活动、资源分配、参与程度及服务满意度等。细致的分析结果将指导体系改进的方向和优先级,确保服务的人性化和精准性。接下来,须规划活动内容,涵盖生活类、学习类、娱乐类、创造类等多个层面。生活类服务关注日常生活的丰富,如健康讲座、心理咨询;学习类服务鼓励自我提升,包括技能培训、语言课程;娱乐类服务提供休闲放松的机会,如电影夜、音乐会;创造类服务则旨在提炼职工的创作潜力,例如绘画、摄影比赛。文化服务体系亦需考虑管理和运营模式,简化流程,确保活动高效举行。管理模式包括活动的策划、组织、宣传和反馈收集等多个环节。良好的运营保证活动安全、有序,并且能持续引起职工的兴趣。

为确保文化服务体系的有效性,需要建立常态化的评估机制。定期的服务质量评估和职工满意度调查可以帮助职工及时发现问题,调整服务策略,确保服务贴近职工实际需求。此外，应倡导和鼓励职工自主参与文化服务体系的构建和运营，包括参与活动策划、实施及评估等各个环节。这种参与可以增强职工的归属感和满足感，同时提升体系的活力和创新度。

（三）职工文化活动的特色与创新

工会、企业和单位中的职工文化活动，其特色与创新需要紧密结合职工的工作特性和生活环境，旨在通过文化的力量提升工作满意度，增强团队精神，且不断创新以应对快速变化的社会环境。

职工的文化活动首先应具有实用性，与职工的实际生活和工作紧密相关。比如，开展职业技能提升课程、健康生活方式研讨会、财务管理工作坊等，这些活动既能提升职工的日常生活质量，也能直接或间接地提高其工作效率和职业竞争力。

创新活动设计是吸引职工参与的关键。可以融合传统文化元素与现代科技，如通过虚拟现实技术体验传统手工艺，或者通过网络平台进行在线文化知识竞赛。这些活动能够激发职工对新兴技术的好奇心，同时增进职工对传统文化的了解与尊重。强调互动性和参与性的文化活动设计，促进职场内的沟通与交流。组织职工话剧团、合唱团、书画社等，不仅为职工提供了展示自我才华的舞台，同时也加强了职工之间的社交联系和团队协作。注重活动的持续性和长效性同样重要。可以建立持久的文化兴趣小组或读书会，确保文化活动不是一次性的，而是能够在职工的生活中扎根，形成自驱动的文化生活氛围。加强这种文化氛围的建设，有助于文化活动从一项附加的服务变成职场生活不可或缺的一部分。此外，必须定期评估文化活动的效果并收集反馈，这对于不断优化文化活动内容和形式至关重要。通过问卷调查、座谈会或直接观察参与者的参与度等方式，可以及时调整策略，以保证文化活动始终能够满足职工的需求和期待。

在人类文明发展的历史过程中，文化生活是人类生活中高质量的表现，文化生活的发展水平在很大程度上代表着社会文明进步发展的程度。职工文化创新，主要有内容创新和观念创新。内容创新，是在既有文化要素和价值目标的基础上，对其进行拓展。观念创新是文化创新的重要方面，它表现为两个方面：一是文化建设观念的更新；二是对新型文化意识的提炼、认同和实践。创新企业文化必须立足于中国文化的现状，结合我国企业管理实践和现代化进程，借鉴国外关于企业员工文化研究的理论和方法，运用科学的研究手段培植企业深厚的文化底蕴。

1. 理念创新。理念创新是职工文化活动创新的核心。在进行理念创新的时候，必须积极采取科学的研究方法，立足于企业的外部环境和行业特点，结合本企业的文化特点、员工构成等进行认真的研究、分析和深层次的理性整合，准确定位职工文化建设的特色所在，并动员全体员工积极参与，共同提炼升华本企业的文化理念。此外，还可组织学术考察、学术报告等健康有益的职工文化交流活动，逐步地提升职工文化的建设水平。

2. 品牌创新。在市场经济条件下，市场是企业生存的前提。中国的市场正沿着"产品消费—精品消费—品牌消费"的演变轨迹向前发展。所以，企业要重视品牌创新，树立全新的品牌形象，通过建立一个市场取向的企业文化，将企业生产的产品与服务上升为市场满意和社会认可的文化符号。

3. 制度创新。制度的创新，可以为企业营造有利于企业其他方面创新的氛围和环境。制度的创新是一个不断创新的动态过程，企业必须依据市场、人才、资金等情况，结合企业其他方面的创新，不断适应、不断完善、不断创新，使之真正体现企业的价值观和经营理念。因此，企业要依据市场不断地建立、调整、完善，再建立、再调整、再完善自身的组织架构、责权关系、运行规则、奖惩条例、管理规章等制度要素，使企业制度的创新满足企业内部系列创新的要求，从容地迎接市场的挑战。

一是要增强创新意识，做到既勇于策划创新，又善于策划创新。创新意识是坚持解放思想、实事求是、敢闯难关、敢冒风险的意识，是以创新的观念审时度势，以创新的勇气直面问题的意识。自主创新必须以对事物的正确认识和对企业情况的科学把握为前提。只有真正做到实事求是，以科学的态度去对待事物，按客观规律办事，才能突破旧的思想束缚，实现策划创新。二是要培养造就富有自主创新精神的策划人才队伍。策划创新，关键在人才。创新人才是指具有创新意识和创新能力，并从事创新活动的现实的社会的人。培养造就富有创新精神的人才队伍，首先要培养和塑造人们的自主创新意识和勇气，增强自主创新的紧迫感。三是要努力营造策划创新的良好环境。良好的环境有利于策划创新人才的成长、策划创新人才队伍的形成和创新活动的开展。创新文化孕育创新事业，创新事业激励创新文化，企业应该努力形成"尊重知识、尊重人才、尊重劳动、尊重创造"的良好风尚。

三、老年人

老年人是社会的重要群体，他们在经历了一生的辛勤工作和家庭责任后，仍然需要丰富的文娱活动来充实自己的生活。老年人文娱活动种类繁多，包括舞蹈、音乐、书画、棋牌、健身操、旅游等。这些活动不仅可以消除老年人的孤独感和无聊感，还可以提高他们的身体素质和社交能力，让他们的生活更加充实和丰富。

舞蹈是一种非常受欢迎的老年人文娱活动。通过舞蹈，老年人可以锻炼身体、结交新朋友，也可以提高自信心和自我认知。音乐也是一种非常适合老年人的文娱活动，可以让他们感受到音乐的美妙和快乐，也可以提高他们的专注力和记忆力。书画和棋牌也是老年人非常喜欢的文娱活动，可以让他们感受到艺术和智慧的魅力，也可以提高他们的认知能力和手眼协调能力。健身操和旅游也是老年人喜欢的文娱活动，可以让他们锻炼身体、放松身心，也可以拓宽他们的视野和增加旅游经验。

老年人文娱活动的重要性不言而喻。首先，这些活动可以帮助老年人消除孤独感和无聊感，提高生活质量和幸福感。其次，这些活动可以帮助老年人锻炼身体、提高身体素质和社交能力，延缓身体和认知功能的衰退。最后，这些活动可以让老年人在快乐的氛围中学习和成长，提高他们的自我认知和能力。

为了组织和开展老年人文娱活动，我们可以采取以下措施。首先，我们可以选择适合老年人的活动内容，例如舞蹈、音乐、书画等，以满足他们的兴趣和需求。其次，我们可以定期组织活动，例如每周一次或每月一次，以保证活动的持续性和稳定性。在活动前，我们可以进行宣传和推广，吸引更多的老年人参与。在活动中，我们可以提供适当的管理和服务，确保活动的顺利进行和老年人的安全和舒适。最后，在活动结束后，我们可以进行反馈和总结，以了解老年人的需求和建议，进一步改进和完善活动内容和服务。

老年人文娱活动具有重要的意义和价值。通过多种多样的文娱活动，我们可以帮助老年人消除孤独感和无聊感，提高生活质量和幸福感，同时也可以帮助他们锻炼身体、提高认知能力，延缓身体和认知功能的衰退。为了组织和开展这些活动，我们需要采取合适的措施，以满足老年人的需求和兴趣，同时也要关注老年人的安全和舒适。我们应该积极鼓励和支持老年人参与文娱活动，让他们在快乐的氛围中度过每一天。

（一）老年人群文化活动的心理与生理需求

在设计老年人群体的文化活动之前，必须细致考察和理解老年人的心理与生理需求，以确保活动既安全又具有吸引力。心理与生理需求分析是提供高质量文化服务的根基。心理需求方面，许多老年人期望通过参与文化活动来克服孤独感与被边缘化的感觉。他们往往寻求社交互动的机会，并希望通过活动获得自我实现和认可。活动应当设计成鼓励老年人分享自己的经验、知识和技能，促进跨代沟通，满足他们情感交流和自我表达的需求。生理需求考量方面，老年人的活动能力和健康状况多种多样。因此，文化活动不仅需要考虑低强度和低风险的项目，还应考虑它们对维持及改善老年人身体状况的潜在益处。例如，轻柔的太极拳、舞蹈或瑜伽，既能提供良好的社交环境，又能够帮助老年人保持身体活动，增强肌肉力量和灵活性。

在实现上述需求的同时，应密切关注活动中的安全性。活动场地需无障碍设计，以方便行动不便的老年人参加；同时确保有专业人员在场，以防老年人在活动中受伤。必要时，还应设置紧急医疗救援措施。文化活动的内容也需具有兼容性，以便老年人能根据自己的爱好和能力选择适合自己的项目。例如，提供多种类型的手工艺课程、音乐会欣赏或者电脑和互联网使用培训，以满足不同兴趣和学习速度的老年人的需要。

（二）适宜老年人的文化活动内容与形式

在谋划老年人适宜的文化活动内容与形式时，必须深刻理解老年人的身心状态以及他们对生活质量的向往。文化活动不仅应该是安全可行的，而且应该是滋养心灵、丰富经验的。良好设计的文化活动内容，应融入老年人的生活经验和智慧，给予他们表达自己观点的机会。历史回顾性的讲座、自传写作工作坊以及传统文化手工艺课程，都是非常好的选择。这类活动不仅能帮助老年人回忆过往，挖掘和共享个人的故事，还能传承宝贵的文化遗产。

活动形式上，鉴于老年人可能存在的行动不便问题，应提供包容性强的活动环境。举例来说，可供选择的活动形式应包括站立、坐姿乃至远程参与等，以满足不同体能状态的老年人需求。如水彩画、园艺、陶艺等艺术创作活动，它们不仅可以活跃社交氛围，还可培养和保持老年人的精细动作能力。针对生理健康维护的文化活动也同样重要，如太极、舞蹈和轻体操，它们可以提供温和而有效的身体锻炼，同时，这些活动以集体形式进行时，也能增进老年人群体间的交流与情谊。除此之外，考虑到老年人对科技的适应程度不一，科技介入应慎重。在引入电子阅读器、智能手机应用等现代技术作为文化活动平台时，应提供相应的技术指导和帮助，确保老年人不因技术使用不当而产生挫败感或排斥感。

（三）老年人文化活动的组织与优化策略

老年文化，是老年人的精神力量。引导社会增强接纳、尊重和帮助老年人的关爱意识，树立老年人自尊、自立的自爱意识，营造敬老爱老助老的社会氛围，需要共同努力和推动。

1.易接入性

要引导广大老年人树立终身发展理念，保持自尊自爱自立自强的精神风貌，积极面对老年生活、保持身心健康、提高生活品质。发挥老年人的正能量，鼓励老年人奉献自己的经验、知识。确保活动的易接入性是基础。需要提供适合老年人的报名方式，如电话报名、家庭上门服务、社区广播等，简化报名程序。同时，活动地点要确保交通便利，无障碍设施齐备，所选场地需有舒适的休息区域和安全的医护设备。推动多元化老年人文化活动设施建设，广泛开展群众性文化活动，加大老年人公共文化服务供给，拓展线上场景式、社区体验式互动，促进老年文化焕发时代风采。

2.个性化服务

针对老年群体结构变化，应实施"老年文化＋"战略，与养老、康复、教育、旅游等相关业态融合，发展老龄产业新消费模式。优化文化活动的组织要考虑到个性化服务的需求。组织者可以通过预先进行的兴趣调查或是历史参与记录，了解不同老年人的偏好，据此为他们提供定制化的活动建议。在活动进行过程中，工作人员要给予耐心和体贴的引导与服务。

3.多元活动内容

鼓励老年人尽可能参与集体活动，譬如老年人协会、晨间的集体健身舞、保龄球等活动。活动内容应具备多元性，包括但不限于知识讲座、传统手工、艺术展览、音乐表演等。活动不仅要满足老年人的文化娱乐需求，也要涉及身心健康、日常生活技能的提升。可以安排不同难度和类型的活动，以适应老年人不同的能力和需求。

4.反馈和评估机制

构建有效的反馈和评估机制是优化活动质量的重要环节。活动结束后，应通过问卷调查、座谈会或个别访谈等方式收集参与者的反馈。利用这些数据及时调整活动内容和形式，确保活动更贴合老年人的实际需求。

5.持续性和延续性

保持活动的持续性和延续性也至关重要。可以通过建立老年人文化活动社群，定期发布活动日历，持续推送相关信息。老年人的生活务必做到劳逸结合，保持一定的忙碌，除把退休当作休息外，还应保持一定的紧张，这样就不会使生活变得无聊，如再找份力所能及的工作，发挥余热；上老年大学，丰富自己的生活。此外，鼓励老年人在活动中建立稳定的社交圈子，增加其参与后续活动的可能性。

群众文化活动的队伍建设

基层在大力实施文化强区的战略中，要把加强人才队伍建设摆在重要位置，以人为本，通过众多举措夯实文化人才工程建设。启动文化专家库建设。吸收文化、建筑、规划、民俗、历史类等相关专家，组织对县区内文化项目建设、功能需求进行指导，对地方文献编纂、文化展示等出谋划策。重视文化人才培训工作。采取"请进来、走出去"的方式，经常性邀请省、市级文化专家来讲学授课，定期举办业务知识培训班。同时，把文化工作者分批送出去学习，通过图书加工、文物整理、文化辅导等方式，提升文化工作者实践水平和动手能力。组织非遗传承人、优秀文创产品、研学旅游基地等参与文化旅游博览会、丝绸之路博览会等，进行推介和交流。

一、群众文化专业队伍

完善基层文化志愿者的招募和管理。文化行政部门可以通过招募"文化志愿者"招募活动，建立区县的文化人才队伍，协助开展文化活动、非遗传承、阅读服务、艺术培训等志愿服务活动，丰富群众精神文化生活。加强乡土文化人才的培养。地方政府可以考虑出台乡土人才选拔管理办法，选择优秀的乡土人才成立乡土人才队伍。文化部门可以从非遗乡土人才、文艺人才发现和培养入手，建立非遗、艺术等文化人才队伍。通过举办培训班等形式开展基层文化人才培训，提升村组社区文化工作者服务水平。逐步完善吸引激励机制。从政策上鼓励更多从事文化创意策划、创意设计和文化产业经营管理等高层次文化人才从事文化建设、文艺创作和文化产业项目投资。加强文化设施建设。投入资金加强文化设施建设，提供更好的文化工作和发展环境，例如图书馆、博物馆、美术馆、文化广场等。

（一）群众文化专业队伍的组建与管理

在建立群众文化专业队伍过程中，组织与管理策略的重要性不言而喻。这样的队伍不仅要兼顾文化素养和专业技能，而且需要具备丰富的社会实践经验和良好的沟通能力，以有效地推动群众文化活动的发展。组建群众文化专业队伍首先要明确队伍的宗旨和目标。队伍的成立应致力于提升公共文化服务的质量，增强公共文化活动的针对性和有效性。基于此，可以开展对潜在队伍成员的招募，重点关注候选人的文化背景、工作经验及其对社区文化发展的理解与热情。

在管理上，需确保队伍成员间的角色清晰、职责分明。有效的管理体制包括定期的培训计划、监督评估制度以及激励和奖励机制。常态化培训旨在增强队伍的专业能力和服务意识，定期的绩效评估则用于确保队伍目标的实现和成员职责的完成，而合理的激励制度能提升队伍的积极性和凝聚力。另外，高效的沟通机制是保障队伍管理顺畅的关键。建立起内部沟通平台或例会制度，可以确保信息的透明度和问题的及时解决，也有助于激发团队成员之间的创造力和协作精神。进一步，关注队伍的延展性和可持续发展性也很关键。可以通过不断引入新鲜血液，激发队伍的活力；同时，着眼于队伍成员个人职业生涯的规划，让他们看到个人成长与队伍发展的共同前景，以此吸引并留住人才。

群众文化专业队伍的组建与管理是一个不断迭代的过程，应根据社区文化需求的变化，及时调整队伍结构和管理策略，确保队伍始终能够高效率地服务于群众文化活动。可建立一支专业、稳定、充满活力的群众文化队伍，为推动社区文化发展贡献力量。

（二）提升群众文化专业队伍的服务能力

要提升群众文化专业队伍的服务能力，这要求我们进行全面而细致的规划与执行。专业队伍必须不断加强自身建设，以适应社会发展和文化需求的变化。

首要任务是确保队伍成员具备坚实的文化理论基础和丰富的实践经验。结合专业知识与社区服务，成员需要了解文化领域的最新发展趋势和群众的真实需求。为此，不断地进行在职培训和举办学术研讨会变得必不可少。培训的内容应包括文化政策解读、群众文化心理学、活动策划与执行等，以不断充实和更新队伍成员的知识储备。

此外，提升服务能力还需优化队伍的组织结构。明确划分不同的职能部门，如活动策划、宣传推广、执行运营等，并分配相应的负责人。这种结构化分配确保每部分工作都由最合适的人才来担当，从而提升整个队伍的工作效率和服务质量。

加强服务能力还必须注重队伍的技术应用。当前，群众文化活动越来越多地采用新媒体和信息技术，因此专业队伍需要掌握相应的技能，如数字内容创作、线上平台管理和数据分析能力。提供给队伍成员相应的技术培训，能促进服务方式的创新和服务效率的提升。

同时，专业队伍的服务能力强化离不开外部合作和资源整合。建立与其他文化机构、教育单位、社会团体的合作关系，能在资源共享和经验交流中取得互补，进一步扩大文化服务的影响力和覆盖面。

最后，不断反思和评估是提升服务能力的重要环节，要收集群众反馈、对服务进行效果评估，及时对服务内容和形式进行优化调整。这样的循环反馈机制有助于队伍不断学习和进步，以更贴近民心的方式向群众提供文化服务。

(三) 群众文化专业队伍的绩效评估与激励

绩效评估体系需要综合考虑多个方面的指标，如活动策划与执行的效果、文化服务的创新性、群众参与度和满意度等。这些指标可以通过量化的数据收集，比如活动参与人数、满意度调查结果以及文化项目的实施情况等来衡量。同时，也要考虑定性分析团队成员的协作程度、创新能力以及对文化活动投入的热情。

激励机制设计时，要兼顾公平性和激发个体潜能的目标。例如，可以设置明确的晋升路径，为队伍成员提供实现个人职业发展的机会。此外，实物奖励、表彰大会、优秀个人或团队的公开赞誉等都是激发队伍成员积极性的有效手段。激励措施的设置需针对性地回应不同成员的需求和期待，以激发他们的内在动力。

对绩效进行评估的过程中，应持续进行评审，可采用周期性评审与即时反馈相结合的方式。这样既能保证对绩效的长期跟踪，又能及时调整和改进不足之处。绩效激励体系的另一个重要方面是透明度。制度的公开与透明可以增强队伍成员对评估与激励公正性的信任，促进正义感和归属感的形成。另外，绩效评估与激励机制的设计与实施也需适应文化服务工作的特点和变化。随着社会文化需求的演变以及文化服务方式的创新，评估与激励体系也需要不断优化和适应新情况。科学而有效的绩效评估与激励机制，可以不断强化群众文化专业队伍成员的责任心和积极性，提高整支队伍在文化服务工作中的绩效和效率，更好地服务社会和文化发展。

二、群众文化（艺术）社团组织

（一）群众文化社团的组织架构与运作机制

有效的社团组织架构通常由若干关键部分构成。理事会或执行委员会是决策层，负责社团的战略规划和政策制定；各个具有特定职能的部门（如策划、财务、宣传、会员服务等）构成执行层，负责日常运作；而广大会员构成基础层，是社团活动的主要参与者和受益者。社团的运作机制需确保活动的策划与实施有效对接。理事会制定的年度计划应详尽反映会员的意愿和社团的发展方向；执行层则要用恰当的活动管理流程和项目实施策略来落实这些计划。例如，活动策划部门需根据会员兴趣和社区需求灵活设计活动，财务部门要进行预算制定与资金管理，宣传部门则负责信息发布和社会沟通。

为确保策划与执行的有效衔接，社团需建立完善的内部沟通渠道。定期的全体会议和部门间协调会议可以促进信息共享与问题解决。同时，社团要建立健全的会员反馈和建议收集机制，包括但不限于会员大会、意见箱、在线调查等，以确保会员的声音能够及时传达至决策层。社团的可持续发展同样需要一套行之有效的财务和人才管理策略。通过会员费、活动收入、公共资助和慈善捐赠等多元化的资金来源保持稳定的财务运作；同时，激励和培养志愿者、社团工作人员以及专业人士，为社团注入活力和专业知识。

（二）群众文化社团的活动策划与资源整合

活动策划须基于精准的文化需求分析。通过问卷调查、社区座谈会等形式，社团能够收集到会员及社区居民的文化偏好和期望，这些信息将成为设计活动时不可或缺的依据。随后，策划团队需要围绕收集到的信息，进行头脑风暴，形成创新、具吸引力的活动方案，确保活动内容不仅新颖而且贴近人心。资源整合方面，社团需要评估和动员可用资源，这包括资金、场地、人力和物资等。社团应与当地企业、教育机构、政府部门以及其他非营利组织建立合作关系，通过赞助或合作方式获取支持。此外，整合和利用社团内部的资源，比如会员的特殊才能和专业技能，也能大幅提高活动的质量和效益。

在资源整合的过程中，社团还应注重资源的持续性和更新性。对于定期举行的活动，社团需建立长期的资源供应链，确保活动的连续性不受影响。同时，也要留意新兴资源，如科技工具、在线平台等，用于提升活动的创新性和参与体验。活动策划与资源整合的有效性，最终通过活动的实际效果来验证。社团应收集反馈，持续改善活动内容和资源配置方式，以期每一次活动都能达到预期目标，促进文化艺术在群众中的广泛传播和深入人心。

（三）促进社团组织与社区互动的有效途径

第一种途径是定期举办文化节或展览活动，为社区居民提供与社团成员直接互动和了解社团活动的机会。这些活动可以是季度性的，或与重要的传统节日相结合，旨在展示社团成员的艺术作品、手工艺品或其他文化成果。邀请社区居民参与和体验，不仅可以增进居民对社团的认识，还能借此收集社区的反馈和建议，以改进未来的活动。

第二种途径是开展社区服务项目。社团可以组织志愿者服务活动，如文化课程辅导、老年人陪伴等，旨在满足社区居民在文化与艺术方面的需求。通过这种方式，社团成员可以更深入社区，了解居民的生活，同时，社区居民也可以更直观地感受到社团的积极作用和价值。

第三种途径是利用现代通信技术，建立社团与社区的在线互动平台。例如，社团可以创建微信公众号、社区论坛或自媒体账号等，分享活动信息、发布文化资讯、互动留言等。线上平台可以打破时间与空间的限制，让社区居民更方便地获取文化服务和信息，同时也可以为社团收集宝贵的线上反馈。

第四种途径是与当地学校或教育机构合作，共同举办文化教育项目。社团可以利用学校的场地资源和教学经验，为学生和家长提供丰富的课外文化活动，比如艺术工作坊、文学朗读会或是戏剧表演。教育机构与社团的合作，不仅能丰富学校的文化教育内容，也能拓宽社团的服务范围和会员基础。

定期举行社团开放日或参与社区大会，也是促进互动的有效途径，这些活动能够让社区居民直接进入社团的环境中，参与社团运作、提出意见和参与决策，增强对社团的了解和认同。

三、群众文化骨干队伍

群众文化活动的成功与否，很大程度上取决于骨干队伍的素质与能力。因此，对于群众文化骨干队伍的培养与选拔、培训与发展路径以及角色定位与责任担当，需要进行细致的规划和执行。

（一）培养与选拔群众文化骨干队伍的标准与方法

选拔骨干队伍的标准应涵盖多方面的能力要求。关键标准包括深厚的文化艺术素养、良好的组织协调能力、清晰的沟通表达能力和一定的创新思维能力。此外，还应评估候选人的社会责任感和服务社区的意愿。选拔方法应当科学公正，既能全面考核候选人的综合素质，又要注重发掘其潜在能力。可以设立专门的选拔委员会，制定详细的选拔流程，包括书面材料评审、实际操作测试、结构化面试等。此外，推荐和自我申报相结合的方式，既可以充分发掘社区内的优秀人才，又能引导更多有志之士积极参与。

（二）群众文化骨干队伍的培训与发展路径

一旦选拔出骨干成员，便需为他们提供持续而系统的培训，以加强他们的专业技能和团队协作能力。培训内容应包括最新的文化政策解读、文化项目管理、领导力培养和团队动态管理等，以此确保骨干队伍能够高效地引导和管理群众文化活动。发展路径则要注重人才的合理晋升及职业规划。可以为骨干队伍制定明晰的职业晋升路线图，设置不同阶段的目标与要求，鼓励他们通过不断学习和实践积累才能获得晋升。为此，可以定期举办评价和激励活动，如优秀个人表彰、高级培训机会等，以促进骨干队伍成员的积极性和忠诚度。

（三）群众文化骨干队伍的角色定位与责任担当

群众文化骨干队伍的角色定位是活动策划者、组织者和推广者。作为策划者，他们应该具备丰富的文化资源整合能力和创新性活动设计能力；作为组织者，他们需要有效地协调资源，管理团队；作为推广者，他们应能通过各种渠道增强文化活动的影响力。群众文化骨干肩负的责任包括确保文化活动的顺利进行、提升活动的品质、拓展文化的社会影响、引导群众参与和维护文化的多样性与可持续性。同时，他们还需作为榜样，传播正面文化价值观，激发社区成员的文化热情，营造积极向上的文化氛围。

四、群众文化志愿者队伍

（一）群众文化志愿者的招募标准与流程

招募标准应当明确、具体，以吸引真正有兴趣并且具备一定基础的志愿者。

包括但不限于对文化活动有热情、拥有团队协作精神、能够定期参与志愿服务等。此外，特别的项目可能还需要一定的专业技能或知识背景。招募流程要公开透明、高效便捷。首先是通过多种渠道发布招募信息，如社区公告板、在线平台或是合作机构的通信渠道。然后，设立统一的报名通道，收集应征者的信息和简历。之后，通过面试或小组面谈的方式，评估应征者是否符合招募标准。最后，对于通过选拔的应征者提供必要的入队培训和指导。

（二）提升群众文化志愿者服务效能的措施

提升志愿者服务效能要从培训、激励和管理三个方面入手。首先，定期进行培训，确保志愿者对社区文化特色、活动策划和客户服务有充足的了解和熟练的操作技能。此外，培训还应包括应急处理、基本心理辅导技巧等。激励措施对于提升志愿者的积极性至关重要，可以包括表彰制度、志愿者互助小组等，还可以建立积分制度，给予活跃志愿者一定的物质或精神奖励。在管理层面，应制定清晰的服务规范和操作流程，通过建立有效的沟通机制和监督机制，确保志愿者能够在明确的指导下开展服务。

（三）群众文化志愿服务项目的实施的注意事项

在实施文化志愿服务项目时，需要注重规划和风险管理。对于各类文化活动，须提前进行全面的策划，包括时间表的制订、物资的准备、流程的演练等，确保活动顺利进行。风险管理方面，需评估并制定预案以应对任何可能发生的紧急情况，包括不可抗力或安全事故等。同时，延伸到法律及保险方面的准备也不可忽视，确保志愿者和参与者的权益得到保护。在活动执行期间，组织者要密切监控活动进展，保持与志愿者的持续沟通，及时解决在服务过程中出现的问题。通过这些细致的准备和实时的管理，确保每一个文化志愿服务项目都能够达到预期的效果，为文化传播和社区建设作出积极的贡献。

第四章

群众文化活动的组织与策划

　　群众文化活动的开展能够满足人们精神的需要，同时也是提高群众凝聚力、发挥团队精神、弘扬民族文化的重要途径。为了落实新一轮五年计划的要求，加强国民精神文明建设，构建和谐的社会文化氛围成为亟待解决的问题。在当前社区群众文化建设中，为了更好地发挥出文化活动的积极作用，相关工作人员应加强对群众文化事业的重视，在文化活动的策划上提高创意，通过引人注目的群众文化，提高人民精神生活的水平，弘扬和发展我国优秀文化。

群众文化活动的组织与策划

想要更好地确立文化导向，在群众文化策划期间应该进行科学细致的组织与安排，利用良好的文化体系对人们的思想观念进行引导与优化，提升人们的综合素质，让人们真正了解群众文化活动的作用，确定方向体现出主体。活动主体是群众文化活动举行的基础，如果相关主体思想不够明确，则群众活动的质量将会受到严重的影响。所以在策划群众文化活动期间，工作人员应该与群众进行充分的接触并提高对活动主体的重视度，体现出相应的特点，让群众文化活动给人们带来较为强烈的震撼效果。提高人们对艺术文化的追求质量与鉴赏水平，促进文化品位的提升。

一、群众文化活动成功的基本组织原则

群众文化活动的成功往往根植于其精心的组织与策划。要想达成这一目标，必须牢固树立和遵循几项基本的组织原则。明确的目标与使命是任何文化活动策划的首要步骤。组织者要深入理解活动的核心价值和预期影响，同时也要确保这些目标与使命能够与参与者的期望和社区的愿景相吻合。目标设定应具体可度量，口号应鼓舞人心，这样才能在整个策划和执行过程中为团队提供清晰的方向和动力。团队合作与流程管理的强调则构成有效组织的支柱。群众文化活动的举办需要多方协作，涵盖了策划、执行、评估等多个环节，因而建立一支能力互补、分工明确的团队至关重要。在具体操作中，应实施细致的任务分配，确立清晰的流程和时间表，并采用恰当的管理工具以保证任务的按时完成。最后，沟通的透明性与效率是保证群众文化活动顺利进行的重要因素。有效沟通不仅包括团队内部

成员间的信息流动，也涉及与外部利益相关者，如赞助商、社区领袖和媒体的交流。透明的沟通能够建立信任，确保所有参与者都对活动的进度、变化和预期结果有明确的认识。高效的沟通能够及时解决问题，促进意见的交换，避免误解和冲突的产生。

一个以明确目标和使命为核心、注重团队合作和流程管理，以及保持沟通透明和效率的组织原则框架，是策划和举办成功群众文化活动的基础。只有在这些原则的指导下，文化活动的组织与策划工作才能高效、有序地展开，最终达成预定的文化传播与社区凝聚效果。

二、不同类型和规模文化活动的组织结构

群众文化活动的成功在很大程度上依赖于其组织结构，它应当与活动的类型及规模紧密相连，从小型社区活动到大型节庆活动，不同的活动对组织结构有着截然不同的要求和挑战。小型社区文化活动通常以灵活性和低成本运作为特点。组织结构往往比较扁平，决策通道较短，响应快速，容易适应社区居民的具体需求。小型活动的组织者和参与者之间界限不明显，往往是由社区成员自发组织，直接参与到策划和实施各个阶段。例如，一个小型的社区读书会可能只需要一个负责人来协调活动地点、时间和分发阅读材料，具体内容的讨论和分享则依赖于参与者的自主参与和交流。对比之下，大型节庆活动则通常需要一个多层级、功能分明的组织结构。由于涉及人数众多、活动内容复杂且资源需求量大，从项目经理到志愿者，每个团队成员都需明确自己的职责。此类活动往往需要设置财务管理、活动策划、场地运营、安全保障、宣传推广等专门的部门，各部门需密切合作，确保活动顺利进行。例如，一个音乐节可能需要专门的团队来处理艺人邀约、票务管理、现场音响和灯光设备以及观众服务等事务。

在活动类型或规模发生变化时，灵活适应的组织框架就显得尤为重要。组织结构应根据活动的特定需求来设计调整，这可能意味着对固定的职能部门进行扩展或缩减，抑或是采取更为动态的项目团队模式。灵活性体现在组织能够迅速应

对突发事件、利用新兴技术和平台以及根据反馈调整活动内容等方面。

为了实现灵活适应，组织者可以使用项目管理软件来监控进展，建立沟通过程以便在关键时刻快速做出决策，设立应急响应团队以处理可能出现的问题。在变动时，保持透明的内部沟通与明确的责任分配至关重要，它们确保了尽管组织结构可能变化，每个人仍然能够了解自己的角色和应承担的任务。无论文化活动类型和规模如何，一个有效的组织结构应是为了达成活动目的而精心设计的。正确的组织结构不仅能提高运作效率，还能改善资源分配，并在活动实施中提高适应能力，确保活动达成预期目标，为社区带来持久的文化影响。

三、策划过程中的关键步骤

群众文化活动的策划过程是一项复杂而细致的工作，它涉及多个阶段，每个阶段都有其关键性的步骤和注意事项。为了确保活动达到预定的效果，策划者必须认真对待每一个细节，并采取适当的措施以维护活动的质量和影响力。

（一）活动准备阶段的细节考量

活动准备阶段是整个策划过程中至关重要的起始点。这一阶段主要涉及活动概念的确立、目标受众的识别、具体目标的设定以及初步的资源评估。明确活动的目的和要达成的具体成果是此阶段的首要任务，这将为整个活动的策划方向提供指引。进一步的工作包括进行市场调研，了解目标受众的特征和需求，基于此制定活动主题和内容。同时，根据活动规模和类型，评估所需的资源，包括资金、场地、人员以及其他物资或技术支持。此阶段还需考虑活动时间的选择、日程安排的制定，以及可能的风险和对策。选择最佳的活动时间点，不仅与受众的可用时间相关，还应避开其他重大事件的影响。清晰的日程规划，尤其是重要环节和关键时刻的准备，可以预防混乱和延误的发生。而风险评估则涉及天气因素、安全问题、突发事件等多个方面，需要制定预案以确保活动能够顺利进行。

（二）活动实施阶段的执行力保障

在活动准备阶段完成之后，便进入了活动实施阶段。这一阶段的重点是将策划阶段的各项计划转化为实际操作，确保各项任务得以有效执行。首先要确保各个组成部分的协调一致，包括活动策划团队、场地管理、供应商以及志愿者等。每个团队或个人的职责划分要明确，且应接受充分的培训以熟悉自己的工作内容和处理突发状况的流程。在活动进行中，现场管理尤为重要。这包括对活动流程的把控、时间节点的监督、与参与者的沟通以及响应问题的处理等。此外，还要注意媒体关系的管理和社交媒体的更新，为活动营造良好的公众形象并实时传达活动动态。

（三）活动后续阶段的评估与学习

活动结束并不意味着策划过程的终止，活动后续阶段的评估与学习同样重要。此阶段主要包括对活动执行情况的总结分析、效果的评估、反馈的收集以及经验教训的提炼。通过问卷调查、观众访谈、数据分析等多种方式，全面收集来自参与者、合作伙伴和执行团队的反馈信息，以评价活动是否达到了预定目标，哪些方面做得好，哪些需要改进。最终的步骤是将评估结果整理成文档，作为未来活动策划的参考资料。认真总结并学习每次活动的经验和教训，对于提升组织者的策划能力、完善活动策划过程、优化活动效果具有至关重要的作用。通过这些详尽的准备、周到的执行和深入的评估，策划者可以为群众文化活动的举办建立一个稳固、高效的组织与策划基础，从而有效地提高活动的质量和社会影响力。

四、活动目标的设定和群众需求

在群众文化活动的组织与策划中，确定活动目标和理解群众需求是基础且关键的步骤，它们直接影响活动的方向、形式和最终成效。在这一过程中，与社区的沟通和精准调研扮演着至关重要的角色。

（一）与社区沟通确定活动目标

活动目标的设定应始终与社区的期望和利益保持一致。为此，必须与社区建立起有效的沟通渠道，这包括与社区居委会、居民代表、文化团体以及其他相关组织进行对话与讨论。通过举行座谈会、论坛、开放日或工作坊等形式，组织者可以收集社区意见，识别共有的文化价值和展望。这种互动模式不仅有助于社区成员表达他们对于文化活动的期待，同时也可以增强他们对活动的归属感和参与度。

确定目标的过程中也需要权衡各方面的利益和资源的可行性。目标的设定旨在提高社区凝聚力、促进文化交流、增进居民福祉或发展地方特色文化等。只有这样，才能确保活动一旦实施，能够得到广泛的社区支持和积极参与。

（二）精准调研以捕捉群众需求

活动的成功很大程度上取决于能否准确捕捉并满足群众的文化需求。精准调研的过程包括设计问卷调查、进行面对面采访、收集历史数据以及实地观察等多种方式，以全方位、多角度地理解群众的文化喜好、期望和行为模式。问卷调查可以通过纸质方式或在线形式进行，以较低的成本收集到大量的信息。而面对面采访则能获得更为深入和个性化的反馈。同时，历史数据的分析有助于揭示过去活动中的趋势和模式，为未来活动提供启示。实地观察，比如参加社区的常规活动，能够增进对群众日常生活和文化实践的理解。通过这些调研方法，策划者能够获得关于群众文化需求的综合视图，包含年龄、性别、教育背景等维度的差异分析，从而在活动的具体内容、形式和传播策略上做出更为有针对性的决策。

活动目标的设定和群众需求的捕捉并非孤立的步骤，而是一个互动和迭代的过程。通过与社区的有效沟通和精准调研，群众文化活动的组织与策划可以更加有的放矢，确保活动的目标精准、内容贴近民众、形式多样且具有吸引力，从而成功地服务于社区、丰富群众的文化生活，并对社区的长期发展产生积极的和深远的影响。

五、创意思维在文化活动策划中的重要性

创意思维在群众文化活动的策划中起着至关重要的角色。它是推动文化活动持续创新、吸引公众参与，并产生深远社会影响的核心动力。为了使创意思维渗透到文化活动策划的每一个环节，必须构建支持创新的机制，并遵循一套系统的创意策划流程。

（一）创新机制的构建

创新机制应当旨在激发和支持个人及团队的创意潜能。在构建这一机制时，需要提供一个开放的文化氛围，鼓励团队成员自由地表达异想天开的想法而不担心批评。这种氛围可以通过定期组织头脑风暴会议、创意工作坊和非正式的交流会来促进。此外，组织可以为员工提供时间和资源去探索新颖的文化项目和合作方式，从而保持活动内容的新鲜感和创新性。还需要确保策划团队成员的多样性，应该由来自不同背景和拥有不同技能的人组成，因为不同的视角能够相互碰撞产生新的创意火花。同时，组织应该奖励创新的行为，无论这些行为是成功还是失败的，都应该认可尝试的价值。

（二）创意策划的流程

创意策划流程是文化活动策划中的关键步骤，它始于认识和理解社区文化的需求和挑战。从这些洞见中寻找创意的灵感，是启动整个创意过程的第一步。一旦确定了核心概念，下一步则是将其发展成完整的策划案，这涉及详细的活动构想、目标受众、预期效果以及实施策略。

在此基础上，创意策划进入更为深入的发展阶段，即从原初的概念出发，设计具体的活动方案。这包括活动的主题、内容、形式、时间和地点等，都需要经过精心设计和创意构思。创意团队应当利用设计思维的方法，通过迭代的原型设计和用户测试，持续改进活动方案以确保其符合预期目标和受众需求。随后，团

队需落实活动的具体细节，如日程安排、物料准备和技术支持等，这个过程同样不缺创意的空间。活动的宣传和推广方案也需要创意的设计，以确保信息的有效传递和受到广泛关注。最后，创意策划流程以评估和反思结束，但创意的提炼和追求从未停止。活动结束后，团队应当总结哪些创意最受欢迎、哪些需要继续优化，从实践中学习和吸收经验，为未来的文化活动策划积累宝贵的创意资源。

六、资源与预算管理在活动策划中的策略

在群众文化活动的组织与策划过程中，资源与预算管理是决定活动成败的关键因素之一。充分了解和合理利用各类资源，以及严格的预算控制和有效的资金筹集，都是确保活动顺利进行并达成既定目标的重要策略。

（一）资源最优配置

活动策划的首要任务之一就是对各种资源进行评估和分配。资源包括但不限于场地、志愿者、设备、物资以及专业服务等。每项资源都应该根据活动的需求和优先级进行分配，重点是实现资源的最优配置，避免浪费，并提高每一项资源的使用效率。配置资源时也需考虑到资源的时间敏感性，如场地的预订通常需要提前进行，而志愿者的招募和培训也需留出足够的准备时间。同时，应当识别关键资源——那些对活动成功至关重要的资源，如关键嘉宾的邀请、特许权的获取等，并优先确认和安排。借助现代技术工具可以提高资源管理的效率。例如，使用项目管理软件跟踪资源的使用情况，利用数据库维护供应商信息，或使用在线平台进行志愿者管理，都是提升资源配置效率的有效方法。

（二）预算控制与资金筹集

预算控制要求策划者在确立活动预算时细致而实际。预算应当包含所有可能的支出项，从直接费用如场地租金和嘉宾酬金，到间接费用如宣传材料和后勤支持。制定预算时，应预留一定比例的应急资金，以应对预期之外的支出。为了保证预算的控制，需定期监测实际支出与预算之间的差异，并作出必要的调整。若

活动支出超出预算，应及时寻找成本节约的方法，或调整活动规模和内容以适应当前的财务状况。资金筹集则是预算管理的另一大重点。筹集资金的途径多样，可以通过门票销售、寻求赞助、众筹或申请政府与非政府组织的资助等。寻求赞助时，要有针对性地选择与活动主题相关联的企业或个人，并提供具吸引力的赞助方案。此外，透明的财务报告和清晰的资金使用规划会增加潜在赞助者的信心。最后，资金筹集和预算控制应该并行不悖。在筹集资金的同时，不能忽视成本控制，确保活动的每一分钱都花得物有所值。总之，有效的资源配置和严格的预算控制，以及灵活多样的资金筹集策略，是确保群众文化活动成功的重要保障。通过精心管理和策略性部署，策划者可使群众文化活动在有限的资源和预算内发挥出最大的效益，体现出其社会价值和文化意义。

群众文化活动策划的一般方法

群众文化活动能够满足人们精神的需要，同时也是提高群众凝聚力，发挥团队精神、弘扬民族文化的重要途径。群众文化活动策划的一般方法包括以下几种。

一、市场调研和目标受众分析方法

在群众文化活动的组织与策划过程中，深入的市场调研和对目标受众的精细分析是不可或缺的一环。通过使用科学的调研手段和数据分析，可获得关于受众喜好、行为习惯和参与动机的深刻洞察，从而在策划阶段制定更为有效的策略。

（一）系统调研手段与数据分析

市场调研的目的是收集关于市场状况、竞争环境和潜在受众的信息。这需要策划者运用多种调研手段，如在线调查、焦点小组讨论以及现场观察等。系统调研的数据不仅涵盖定量数据，例如参与人数、参与频率和消费模式，也包括定性数据，如受众的感受、偏好和建议。数据分析的过程中，策划者需利用适当的统计和分析工具来处理收集到的数据。这包括数据清洗、分类、归纳总结和趋势分析。通过数据分析，可揭示出潜在的需求点和市场机会，为文化活动的内容设计、推广渠道选择以及客户体验优化提供依据。

（二）精细化受众分层与画像

了解并分析目标受众，要求策划者不仅仅关注一般化的市场信息，还需要对受众进行精细化的分层和画像。受众分层是基于年龄、性别、教育背景、文化兴趣等一系列标准，将宽泛的人群划分为不同的段落，从而对不同层次的需求和特性有更清晰的认识。受众画像则是在受众分层的基础上，进一步构建起对目标受众群体的详细描述，包括他们的生活方式、价值观念、消费行为等。精心构建的受众画像有利于策划者对目标群体有更深入的情感认同和理解，使得策划的内容和推广策略更为贴切和有针对性。在这一过程中，使用先进的数据挖掘技术和人工智能分析工具可以更精确地绘制出受众画像。例如，通过社交媒体行为的分析，可以了解受众对文化活动内容的实时反馈和讨论，进一步细化受众画像，使策划方案更加个性化和互动性强。

二、SWOT 分析在文化活动策划中的应用

SWOT 分析是一种战略规划工具，用于识别和分析组织内部的强项和弱项，以及外部环境的机会和威胁。在群众文化活动的策划中应用 SWOT 分析，可以帮助策划团队全面审视与活动相关的多方面因素，制定更为有效和具有远见的策划方案。

（一）强项与弱项的内部审视

强项（Strengths）指的是组织在策划和执行文化活动方面的内在优势。这包括组织丰富的经验、专业的团队、强大的财务资源、广泛的合作关系网、创新的活动理念，以及独特的活动特色等。通过识别自身的强项，策划团队能够利用这些优势来吸引参与者，增强文化活动的影响力和吸引力。弱项（Weaknesses）则是组织在策划和执行文化活动时可能面临的内部挑战或不足。这些弱项可能包括资源的限制、经验不足、人员配置问题、组织结构的不合理，或对特定文化领域的理解不够深入等。识别并正视自身的弱项，有助于策划团队在计划阶段就采取措施进行弥补，如通过培训提升团队能力，或寻求外部合作以补充资源和知识。

（二）机会与威胁的外部评估

机会（Opportunities）是指那些组织可以利用来促进文化活动成功的外界因

素。这些机会可以来源于市场趋势、政策支持、社会文化事件、技术发展等。例如，一个地方的文化节可能因为政府的扶持政策、当地文化遗产的活化或新兴社交媒体平台的流行而获得发展机会。策划团队应该密切关注相关的动态，抓住时机，将这些机会转化为文化活动的成功要素。威胁（Threats）关涉到那些可能对文化活动产生负面影响的外部势力，包括竞争者的活动、文化资金削减、不利的社会舆论、不稳定的政治或经济状况等。正确评估威胁的大小和紧迫性，并制定应对策略，是确保文化活动能在不确定的外部环境中稳健推进的关键。

SWOT 分析的实施通常涉及相关利益方的参与，包括策划团队成员、社区代表、资助者等。通过集思广益，SWOT 分析有助于激发团队成员对策划方案的共鸣，并提高整体的战略性和适应性。SWOT 分析提供了一种结构化的思考框架，有助于群众文化活动策划团队深入挖掘内外部因素的综合作用，从而更好地制定活动目标，优化资源配置，把握发展机会，并有效应对潜在的挑战和威胁。有了这样的策略性思考和规划，群众文化活动不仅能更好地服务社区，还能在更广泛的文化生态系统中发挥积极的作用。

三、创意发想与主题确定的技巧

创意发想与主题确定可以赋予活动以特色和方向。动人心魄的创意和鲜明的主题是吸引参与者、增加活动影响力的关键。

（一）创意激发的方法

创意发想过程要求策划者跳出常规思维，展开想象，创造出新颖独特的活动理念。有效激发创意的方法包括头脑风暴：组织团队成员自由发散思维，共同提出大胆和非传统的点子，无论这些点子是否现实，都不作评判，目的在于激发想象力和创造力。

一是使用 SCAMPER（替代、结合、适应、修改、用其他用途、消除、重新排列）思维方式来审视既定的概念或现有的活动，从而创造出新的创意。二是尝试从不同角色或用户的视角出发，考虑他们对文化活动的期望和需求。这可以帮助策划者设计出更有共鸣的创意。三是参观其他成功的文化活动，阅读相关文献或观看相关作品，从中汲取灵感。

（二）主题对活动各元素的统领作用

确定了创意之后，就需要精炼这些创意，并确定一个主题，这个主题将贯穿整个文化活动的策划和实施过程。主题的确定要考虑受众的兴趣与预期效果，同时也需反映社区的文化特色和价值观。

主题起着至关重要的统领作用，它不仅影响活动的宣传和视觉设计，更渗透到活动内容的每一处细节：一是活动内容与程序。主题指导活动的形式和内容安排，确保所有演出、展览、竞赛等环节都与主题相呼应。二是场地布置与美术设计。主题决定了场地的装饰风格、色彩搭配和艺术作品选择，营造出与主题相协调的气氛。三是嘉宾邀请与参与者互动。依据主题来挑选符合活动调性的嘉宾，并设计互动环节以激发参与者的兴趣和参与感。四是宣传策略。主题塑造了活动的公共形象，指导海报、邀请函、社交媒体等宣传材料的创意设计。

一个好的主题应该简洁明了，易于理解和传播，有助于打造出独特的活动品牌，吸引目标受众。主题的成功确定与利用，能将各个策划元素紧密联系起来，为整个文化活动赋予鲜明特色，提升整体的协调性和吸引力。创意发想与主题确定是确保群众文化活动策划成功的关键步骤。策划者需要通过各种方式激发团队的创造力，精心挑选和塑造主题，使主题在文化活动的策划和实施中发挥统领和引领作用，增强活动的吸引力和影响力。通过这些技巧，文化活动能够真正触及人们的内心，引发共鸣，成为社区文化生活的一部分。

四、活动内容和流程规划

在群众文化活动的策划中，活动内容和流程规划占据了核心地位，内容的吸引力和流程的严密性是保障活动顺利进行和取得成功的关键。

（一）内容与形式的创设

文化活动的内容应当既有深度又有广度，能够涵盖多样的文化表现形式，如音乐、舞蹈、戏剧、美术、工艺或电影等，这样可以满足不同受众的文化需求和兴趣点。内容的策划还应该充分考虑当地的文化特色和群众的实际生活，确保文化活动具有地域性、民族性和时代性，能够反映和弘扬当地文化的独特价值。同时，活动内容的形式也必须创新多样，以吸引更广泛的参与群体。可选择的形式包括但不限于传统的表演艺术、互动研讨会、工作坊、展览、体验活动等。创新的形式如街头快闪、互动装置、虚拟现实体验等，能够为活动带来新鲜感，刺激观众的参与兴趣。

（二）流程与时间管理的严谨安排

流程规划关注的是活动各个环节如何有效衔接，如何合理安排每一项内容的时间顺序和持续时长。这要求策划者对活动的每一细节都要有细致的安排和预案，以避免现场混乱和时间上的冲突。流程的设计应当从参与者的视角出发，确保活动的整体体验流畅无阻，给予观众足够的时间进行参与和互动。此外，策划者应实现对活动全过程的时间控制，确保每个节目或活动模块不会超时，给后续内容留下足够的转换或准备时间。

在流程规划上也应留足灵活性，以应对可能出现的意外情况。例如，可以预留时间缓冲区，处理不可预见的技术问题或其他紧急情况。此外，还应准备应急预案，如遇恶劣天气或其他不可抗力因素时能够迅速调整活动流程，保障活动可以在可能的情况下继续进行。精心设计的活动内容和流程规划，不但能提升文化活动的质量，还能提高活动管理的效率，增强观众的满意度和良好体验。通过内容与形式的创新结合，以及严谨的流程与时间管理，群众文化活动才能深入人心，留下美好且持久的印象，为社区文化的繁荣贡献力量。

五、预算编制和风险评估的基本框架

在群众文化活动的组织与策划中，预算编制和风险评估构成了项目管理的两大支柱，它们共同确保文化活动从理论到实践的顺利实施。一个健全的基本框架，既要涉及成本的精确估算与财务的严格监控，也要涵盖风险的全面识别与有效的应对策略。

（一）成本估算与财务监控

预算编制的首要步骤是进行细致的成本估算，这包括确定所有必要的开销，如场地租赁费、设备租赁费、员工薪酬、材料费、市场宣传费、安全保障费等。这一过程要求策划者准确评估每项费用，考虑合理的价格范围，并预留适量的余地以应对可能的变动或意外支出。估算完成后，预算应当形成书面文档，详列各项支出，并得到所有关键决策者的确认。在活动执行过程中，需要设立财务监控机制，定期审核实际支出与预算计划的匹配度，及时调整以保证总体预算的不超支。财务监控还包括保存所有收据和账目记录，透明化财务流程，以保证所有支出的合理性和必要性。同时，建立有效的报销和核算制度，确保每一笔款项的用途都能追溯和证明。

（二）风险识别与应对策略

在预算编制过程中同时进行风险评估，要求策划者能够识别各种可能对活动产生负面影响的内外部因素。风险的类型广泛，包括天气变化、供应商违约、技术故障、资金短缺、安全事故、突发公共事件等。对每项已识别的风险，策划者需要评估其可能性和潜在影响，进而制定相应的应对策略。风险应对策略可能包括转移风险（例如通过保险覆盖）、减轻风险（例如通过提前预订场地或设备来避免价格上涨）、接受风险（对于那些影响小，难以控制的风险），或是完全规避风险（取消某些高风险的活动内容）。

还需要建立风险监控系统，对风险情况进行持续的监控和评估。若有新的风险出现或原有风险变化，应及时更新风险评估，并调整策略。同时，所有相关人员都应当了解风险管理计划，以保证在危机情况下能够迅速、高效地响应。预算编制和风险评估的基本框架是确保文化活动健康有序进行的基石。通过精确成本估算、财务监控和风险管理，策划团队能够在有限的资源内最大限度地提升活动效果，同时确保活动的安全性和可持续性。这样的严谨态度和细致规划，是所有成功群众文化活动的共同特征。

六、营销宣传和公众沟通的有效途径

在群众文化活动的组织与策划领域内，发展有效的营销宣传和公众沟通策略，对于活动的成败起着决定性作用。这些策略的选择与实施，需确保信息能够触及广泛的潜在参与者，同时催生参与的兴趣与热情。

（一）营销策略的选择与实施

营销宣传的策略选定必须基于对目标受众的细致分析，明确哪些信息最能引起其兴趣，什么样的宣传手段最直观、最有效。这些策略可能包含创建引人入胜的广告内容、发放信息明确的传单和海报、组织预热活动、与当地社区密切合作，以及利用媒体关系提升活动的曝光度等。实施时，策划者需确保每一项宣传都有明确的目标和可衡量的指标，如提升活动知名度、增加参与人数或激发公众讨论等。此外，制定时间表来安排各类宣传活动，确保在活动前各阶段都有适当的宣传推动。使用定向营销策略，如通过搜索引擎营销、社交媒体广告和邮件营销等，能够使信息精准地送达到特定的受众群体。

（二）沟通渠道的多元化与互动性

现代信息时代提供了多样化的沟通渠道，策划者应利用这些渠道的特性来优化宣传效果。社交媒体是现代群众文化活动宣传不可缺少的工具，它允许策划者与受众进行双向交流，发布实时更新，并收集群众反馈以进一步微调策划方案。

除了数字平台，本地社区渠道如社区中心、学校、图书馆等，也是宝贵的宣传资源。通过组织面对面的宣传活动，如演讲和展览，能够直接与受众接触，增加他们对活动的认知度与参与度。互动性也是促进宣传效果的关键要素。例如，创设互动性强的活动题材，邀请公众参与活动内容的创作，实施问答竞赛，或者开展线上线下结合的活动等，都能够激发受众的参与欲望。最终，有效的营销宣传和公众沟通应构建在根据受众需求定制的信息，并通过其感兴趣的渠道传播。通过精准的营销策略和多元化及互动性强的沟通途径，群众文化活动能够实现更广的覆盖范围，更高的受众参与度，为文化活动的成功奠定坚实的基础。

群众文化活动策划的可行性研究

开展群众文化活动，对推动我国文化事业的发展起到了有力的作用。文化活动的策划有着多种多样的形式，但是就当前我国文化发展现状来看，文化活动并不全面并且缺乏创新，这对我国文化事业的发展起到一定的影响。因此，为了更好地推动基层文化建设，满足基层群众精神的需求，应立足于群众精神的需要，积极开展文化建设活动，充分调动群众参与的主动性，不断丰富活动的形式和内容，增加活动创新，在保证文化内容积极向上的基础上，进一步推动文化传承与发展。

一、可行性研究的目的与意义

进行群众文化活动策划的可行性研究，旨在评估活动从构想到实施的实际可行性，确保所策划的活动能够有效执行，并达到预定目标。可行性研究的重要性在于提前识别潜在的问题和挑战，从而规避风险，节省资源，确保活动的成功。

（一）确立研究框架

在开展可行性研究之前，首先需要确立一个明确的研究框架。这个框架应该包括活动的全面评估标准，如市场需求、资源可用性、预算限制、人员和专业能力、技术要求、时间安排、法律法规遵循等方面。确立这样的框架，有助于指导研究的深度与广度，确保所有关键因素都得到妥善考虑。研究框架不仅要广泛涵盖各个要素，也要细化到每个要素的具体考察点。例如，资源可用性方面，需要对场地情况、设备与技术、人力资源以及其他物资供给的详细评估。

（二）明晰活动目标与预期成果

可行性研究的一个关键目的就是明确活动的目标与预期成果。这些目标与成果应当是具体的、可量化的，并且与活动的总体愿景和使命相一致。比如，目标可以是吸引特定数量的观众，或提高特定群体对某一文化主题的认知。而预期的成果则可以是增强社区的凝聚力，提升地方文化的知名度，或者促进经济发展。确定这些目标和成果后，可行性研究需要评估这些目标的实现可能性，以及达到这些成果所需的具体条件。这包括分析目标受众的需求和接受程度，活动内容的吸引性，对预算标准的达成的约束，以及潜在的盈利模式或其他价值的创造。

通过深入的可行性研究，组织者可以更加深入地理解活动在各个不同方面的可行性，避免不切实际的预期，并为活动的顺利开展奠定坚实的基础。可行性研究在群众文化活动策划中，是一项至关重要的前期工作，能够显著提高资源利用效率和活动成效，增强活动在社会文化领域中的影响力。

二、经济效益和成本效益分析方法

经济效益和成本效益分析是可行性研究的重要组成部分。此分析旨在评估活动对经济产生的影响以及投入与产出的关系，并且确保活动在经济上的可行性和合理性。

（一）经济效益分析

经济效益分析涉及计算活动通过直接和间接途径为社区或组织带来的总收益。直接经济效益可能包括门票销售、商品和纪念品销售、餐饮服务等收入。间接经济效益则可能涵盖活动对当地商业的带动作用，如提高旅游吸引力、商店和酒店的收益增加等。进行经济效益分析时，需要收集相关的财务数据和市场数据，运用经济预测模型来预估活动可能产生的总收入，并考虑不同场景下的收益变化。此外，分析应考虑长远的经济效益，例如活动可能对社区文化资产价值的提升，以及对文化旅游及相关产业发展的刺激作用。

（二）成本效益分析

成本效益分析则更加注重比较投入（成本）和产出（效益）之间的关系，以确定活动的经济合理性。这包括对活动策划、实施和后期评估的所有成本进行详尽的列举和估算，包括固定成本、变动成本、直接成本和间接成本。有效的成本控制策略应被纳入成本效益分析中，以确保成本维持在合理范围内。产出则是相对于成本的，不仅包含经济收入，还包括社会文化价值的增进，比如社区成员的参与感、文化认同感的提高等。为估算这一点，可采用定性和定量相结合的方法，通过问卷调查、专家评估等手段获取数据，分析活动的社会文化效益。最终，通过进行经济效益和成本效益分析，策划者能够更全面地理解文化活动的经济可行性，确保在有限的资源下效益最大化的同时，还能促进社会文化的进步。深入的经济分析有助于制定更加科学合理的活动策划方案，提高群众文化活动的质量与影响力。这些方法，不仅可增强活动的经济价值，还能提升活动在社会和文化方面的积极影响。

三、技术可行性及资源可用性评估

技术可行性及资源可用性评估是确保活动顺利进行的关键环节。这项评估工作必须仔细考虑各种技术选项和资源供应的实际情况，保证活动在技术和资源层面上的可执行性。

（一）技术方案的选择

技术可行性评估要求策划者仔细研究和选择合适的技术方案来支持活动的需求。这包括声音和照明设备、舞台搭建、多媒体展示、在线平台搭建以及任何特定艺术表现形式要求的特殊技术。在选择技术方案时，需要综合考虑其实用性、可靠性、技术支持的可得性以及成本效益。例如，现今数字技术的广泛应用，如AR（增强现实）和VR（虚拟现实）可能为某些类型的文化活动带来新的体验方式和表现手法，但同时也需要评估实际操作的复杂性、受众的接受度以及相关设备的租赁或购买费用。一旦确定了技术方案，策划者应制定详细的技术实施计划，并进行试验性的测试，确保技术在活动中的可靠运行。此外，还应确定技术人员的培训需求和后勤支持计划，以应对可能出现的技术问题。

（二）资源供应的确保

资源可用性评估涉及对活动所需资源的全面审视，确保其供应的及时性和充足性。评估中涵盖的资源包括场地资源、人力资源、物资资源等。场地资源的评估要基于活动规模、参与人数以及各项活动需求，选择适宜的地点，并保证活动期间的场地可用性。人力资源评估则要确保有足够的组织工作人员、志愿者、技术支持人员等，同时还需考虑人力资源的调度和培训问题。物资资源，包括装饰物资、宣传材料、器材设备等，需要提前规划采购和存储安排。综合考虑以上因素，活动策划者需就资源的采购、租赁、运输和存储等方面制定计划，建立与供应商的合作关系，并制定备选方案以应对可能出现的资源短缺。通过详细的技术可行性及资源可用性评估，策划者可以在活动策划初期便对方案的实施可能性有清晰的了解。这一评估过程有助于确保活动满足技术需求和资源要求，也有助于降低意外情况带来的风险，为活动的成功奠定坚实基础。

四、社会和文化影响的预测分析

群众文化活动策划过程中的可行性研究不能仅仅局限于经济和技术层面，还必须包含对活动可能产生的社会和文化影响的预测分析。这种深入的分析帮助策划者预见并规划活动的长远效应，以及如何在社会文化领域内实现有意义的贡献。

（一）活动对社区的长远影响

群众文化活动不只是短暂娱乐的提供者，它们对社区的凝聚力、社会结构甚至地方身份认同都能产生深远的影响。可行性研究需要评估活动对社区生活质量的潜在提升，包括增强社区成员之间的交流与合作、提供文化教育机会、促进社会包容性以及激发地方创新和创意表达。长远影响的分析还需包括活动可能对社区经济活力的促进作用，如创造就业机会、吸引游客和激活商业活动，以及对周边区域进行改善与升级。此类分析通常需要依赖于历史数据、社区调查以及与其他成功案例的对比研究。

（二）文化价值传播的效果预估

文化价值的传播是群众文化活动最为核心的使命之一。可行性研究需要估测活动在传播地方文化、历史传承、艺术创新和国际文化交流方面的潜在成效。这涵盖了评估活动内容是否能够有效地表达和推广目标文化价值，以及它们是如何与受众的文化期待和接受度相匹配。评估活动在文化传播方面的影响力时，需考虑诸多因素，包括活动提供的文化体验的真实性和教育价值，受众对活动的参与度和互动体验，以及通过各种媒介实现的信息延伸和讨论激发。此外，还需确定哪些指标能够有效地衡量文化价值传播的成功，例如受众满意度、社区文化参与度或是与其他文化组织的合作关系。进行社会和文化影响的预测分析，是确保群众文化活动策划在实现经济收益的同时，也促进社会和谐与文化繁荣的关键步骤。它要求策划者深入理解社区的社会文化结构，并构建可持续的策划方案，使文化活动成为推动社区进步的重要力量。这样的预测分析，可以使文化活动不仅是一时的盛事，而是成为社区发展历程中的宝贵财富。

五、可行性研究报告的编写和应用步骤

群众文化活动策划的可行性研究是一个专业的调研过程，其成果通常以可行性研究报告的形式出现。编写一个清晰、有说服力的报告对于传达研究结果、支持决策和引导未来的活动策划至关重要。

（一）报告结构与内容的安排

一个完整的群众文化活动可行性研究报告通常包含以下几个部分。

引言：概述活动的背景、目的、目标和重要性，以及研究的范围和目标。

市场分析：提供目标受众和市场需求的评估，包括受众特征、市场趋势和竞争分析。

技术可行性评估：梳理活动所需的技术能力和技术解决方案的可行性。

资源可用性评估：包括对场地、财务、物资和人力资源的可用性及其成本的全面分析。

组织和运营结构：描述为实施活动而设置的组织结构和运营流程。

法律和环境因素：涉及法规遵循、环境评估和活动可能面临的法律障碍。

社会和文化影响预测：分析活动可能带来的社会和文化效益，以及其长期影响。

经济效益和成本效益分析：提供活动的财务模型、预算和经济回报预测。

风险评估与应对策略：评估潜在风险和为防范风险而制定的策略。

结论和建议：基于上述研究，提供清晰的结论和实施群众文化活动的具体建议。

（二）研究发现与建议的应用

报告编写完成后，实际上的工作才刚刚开始。研究发现和建议的有效应用至关重要，需要采取以下步骤。

审查和批准：将报告提交给决策者和相关利益相关者，进行深入的审议，并获取必要的批准或调整。

制订实施计划：基于报告建议，规划活动的具体实施步骤。

资源的配置：按照研究确定的需要，分配预算和其他资源。

风险管理：实施研究报告中的风险管理计划，准备应对策略。

监督和评估：在活动策划和实施过程中定期检查预期结果与报告预测的一致性，评估所采取措施的有效性。

可行性研究报告不应被视为尘封的文件，而应成为引导群众文化活动策划到成功实施的活跃工具。通过详尽的研究、认真的报告编写和后续的严格应用，可行性研究将加强整个策划流程的科学性和实效性，提高群众文化活动的成功率。

第五章
群众文化活动创意与品牌战略

　　2023 年 9 月 13 日至 14 日，首届中国群众文化品牌发展大会在成都召开，围绕"创新提升品质，品牌引领发展"主题，聚焦群众文化品牌创新发展，发布了群众文化品牌建设最新成果，通过展示中国民间文化艺术之乡典型案例，推动群众文化项目和文创产品供需对接，引导基层群众广泛参与群众文化品牌创建与共享，赋能文旅深度融合和乡村文化振兴。大会发布了 69 个全国优秀群众文化品牌案例，从扭秧歌到刺绣再到京剧，汇聚了中国特色丰富多彩的传统文化，集中展示了新时代群众文化工作的丰硕成果，是对中华优秀传统文化的推广，也是对地方文化的一种借力宣传。此次活动的意义不仅在于展示各地的文化瑰宝，还在于将这些文化形式品牌化，通过政府牵头组织和积极推动，使中华传统文化焕发新的生命力，让它深入人心。

群众文化活动创意

现代群众文化活动的开展应当保持与时俱进,避免盲从传统工作理念与方式,切实提高文化活动对群众的吸引力。因此,工作人员在活动策划与部署的过程中,应当保持创新意识。以目前我国社会现状而言,公众的生活与工作压力不断增加,与此同时,所衍生出的忧患意识更加强烈,包括对于自我认知不足所造成的焦躁不安情绪,以及担忧被社会所淘汰的恐慌意识。因此,为了缓解群众精神压力,群众文化活动的开展可以采取多元化的手段进行。比如,通过组织阅读活动和交流活动,通过提高群众碎片化时间的利用率,排除群众知识恐慌的实际问题,并通过专业化指导,帮助群众通过阅读提高个人水平,并建立良好的阅读习惯;或是通过计算机技术与网络技术的有效应用,鼓励群众进行线上交流分享,

提高群众所有资源利用率的同时,增强群众的团队意识和协作能力。

一、跨界合作的创新:融合不同文化元素的实践探索

跨界合作的创新作为群众文化活动创意的重要组成部分,已成为当前文化发展中不可忽视的趋势。在这一点上,借鉴卢中华关于农村带头人返乡创新创业的研究成果[1],将不同的文化元素和艺术形态通过创意融合实践,既能丰富群众的文化生活,又有利于提升文化活动的创新能力与参与度。

首先,为实现跨界合作的创新,需要对参与此类活动的各方艺术门类及其背后的文化寓意进行深刻洞察。需要深入探讨如何在保持各自文化特色的前提下,找到互补点与交织点。例如,传统音乐与现代电子音乐的结合,东方书法艺术与

---

[1] 卢中华. 乡村产业振兴的基本逻辑研究 [M]. 济南:山东人民出版社,2023:10-11.

西方绘画技法的交融，不仅能吸引不同背景的群众参与，还能促进文化的传播与演变。其次，跨界合作的创新要关注文化活动的时代性。在设计群众文化活动时，要紧密结合当下社会的热点话题和群众的关注点，如可持续发展、网络文化等，更好地促进群众的认同感和参与热情。再次，为了充分发挥跨界合作的效果，组织者需要构筑一个开放和包容的平台。通过专业研讨会、文化节等形式，鼓励不同文化领域的艺术家和创作者之间进行深度交流和互相学习，促进创新思维的激发与多元文化的融合。此外，跨界合作还需注重市场和媒体的有效整合。通过有效的传播机制和营销策略，让更多的人了解和参与到跨界合作的文化活动中来。比如，借助社交媒体的力量，打造线上互动平台，分享活动的创新成果与亮点，吸引公众的目光和讨论。最后，跨界合作中的项目评估与反思同样重要。文化活动结束后，应针对活动的开展过程、创新成果与群众反馈进行全面评估。这样做，不仅可以提炼出成功的经验，也可以为未来类似项目提供可行的改进建议。

二、社区文化特色的挖掘与活动设计

在群众文化活动的创意构思中，社区文化特色的挖掘与活动设计占据了重要位置。这不仅关系到文化活动的地域认同感，更是连接过去与未来、传承与创新的桥梁。每个社区，都存在独有的文化资源。这些资源可能是深厚的历史底蕴、特有的民俗风情或是共同的记忆符号。将这些文化特色纳入活动设计，既能够增强社区居民的归属感，也将为外来访客提供独特的文化体验。因此，挖掘这些特色并将它们转化为文化活动的灵魂与形式，是活动创意过程中的重要任务。

在设计活动时，组织者应深入了解社区的历史背景、人文地理、居民结构等各方面信息。这些信息将为活动的内容提供丰富的素材，让设计的活动不仅仅是形式上的丰富，更是内容上的深入。例如，倘若一个社区亦是一个历史文化名镇，那么在设计文化活动时，可以围绕着古镇的历史故事、历代人物，以及传统艺术等元素，设计系列游学体验活动、历史主题的互动游戏等。除了秉承传统文化，活动设计还要兼顾创新与现代性。现今社区居民构成多元，文化需求日新月异。

故而，在确保传统文化得以传承的同时，设计的活动还需要考虑到新兴文化元素，如现代艺术、新媒体技术等，这样不仅能吸引年轻人的参与，还能增进不同世代之间的文化交流。另外，在活动策划的初期阶段就应考虑到如何让活动信息能够及时传达给每一个社区居民，让他们感受到活动的吸引力，并希望积极参与其中。采用社交媒体、社区广播或是活动海报等多种方式，能有效地扩大宣传范围，提升活动的知名度。活动结束后，通过问卷调查、访谈、观察等多种方法，了解活动对居民的影响，以及他们对活动的真实感受。这些反馈将为未来设计更符合社区需求的文化活动提供宝贵的数据支持。

三、节庆活动中的创意策划与主题设置

对于节庆活动的创意策划与主题设置来说，细致化的构建是实现深度参与和文化传承的关键。一个成功的节庆活动，首先需要确定一个能够体现地区文化特征并引起广泛共鸣的核心主题。这一主题不仅反映节庆活动的文化底蕴，同时也要有创新元素，吸引公众的兴趣。在体现社区文化的同时，节庆活动应考虑历史与现代之间的交融，以传统文化元素为根基，融入现代文化特征，形成有机结合的节庆形态。例如，可以考虑将传统节日的祭祀仪式与当代流行音乐结合，营造既古典又时尚的氛围。此外，地方故事与传说的现代演绎也是一种吸引人的策划方向，通过戏剧、舞台剧或者互动游戏的形式，使得节庆活动具有教育意义及趣味性。

在活动设计上，应着重创意的细节执行，每一项活动都需要符合主题，无论是装饰布置、活动内容还是宣传材料的设计，尤其在特定节庆活动的标识设计上，集中体现节庆的象征意义，同时配合具有当地文化特色的元素，以增强活动的识别度和影响力。在活动策划过程中融入互动设计，让参与者不仅是观众，也是体验者。通过设立互动环节，参与者可以在活动中体验到民俗文化的深厚内涵，比如设置手工艺制作体验区，让游客亲身体验民俗工艺的制作过程，产生参与感和成就感。将活动的组织者、参与者、赞助商等多方利益相关者的需求与期望进行

综合考虑，形成共赢的合作策略，是提升活动质量和影响力的有效途径。在活动宣传上，具有针对性的营销策略能为节庆活动吸引更多参与者，如通过社交媒体和亲子社区进行推广，让活动消息覆盖更广泛的受众。

四、运用科技手段提升文化活动的互动性和体验感

在当今科技迅速发展的大背景下，利用科技手段来提升文化活动的互动性和体验感，已经成为群众文化活动创意策划中的一大亮点。科技不仅改变了群众参与文化活动的方式，还大幅增强了活动本身的吸引力和传播效果。对于这一方面的探索，可以从数码互动设备的应用、科技与艺术的结合以及个性化体验的创造等多个维度进行。例如，通过增强现实（AR）技术，观众可以在现实世界中与虚拟图像互动，为用户带来全新的视觉体验。这种技术不仅可以应用于艺术展览，让参观者更深入地理解艺术品背后的故事，也可以在演出中创造出前所未有的视觉效果，让观众仿佛置身于虚拟的场景之中。此外，互动装置艺术也为文化活动带来了全新的参与方式，通过声音、触摸、甚至是参与者的移动，互动装置可以响应并产生变化。这样的艺术形式打破了传统观念中艺术品是观赏对象的限制，将参与者自身变成了创造过程的一部分。

智能手机应用程序的开发同样拓展了文化活动的互动空间。利用专门设计的应用程序，参与者可以获取活动信息、进行虚拟导览、参加线上互动游戏等，这些应用不仅丰富了活动内容，也方便了参与者获取信息和参与活动，特别是对于难以到场的观众，提供了另一种参与途径。虚拟现实（VR）技术的应用则提供了完全沉浸式的体验。通过戴上 VR 头盔，参与者可以进入一个完全由数字技术构建的三维空间，无论是还原历史场景还是创造未来世界，这种沉浸式体验都能给参与者留下深刻印象。最后，通过大数据分析参与者的行为和偏好，文化活动策划者可以设计更加精准和个性化的互动体验。例如，根据参与者过去的参与行为来推荐本次活动中可能感兴趣的环节，或者根据用户的反馈来实时调整活动内容，以提升参与者的满意度和活动的整体质量。

五、以历史文化资源为基础的活动创意开发

历史文化资源是民族文化的宝贵遗产，汇聚了前人的智慧与时间的厚重。以历史文化资源为基础的活动创意开发，能够挖掘并传承这些文化遗产，同时赋予它们新的生命力和当代价值。要实现这一点，创意开发需要对这些资源有着精准的把握与深刻的解读。历史文化资源涵盖了广泛的范围，它可能是传统节日、民间故事、古老的手艺、遗留的建筑，或者是具有代表性的历史事件。发掘这些元素的独特性与互动潜力对于创意活动至关重要。例如，对特定历史事件的再现、重要的历史胜利或传统节庆的演绎，可以让公众切身体会到历史的韵味。

在进行历史文化资源的创意开发时，一方面，要注意以新颖的视角和方法来诠释这些资源，使之与现代群众产生共鸣。比如，传统古籍中的故事可以改编成现代戏剧或电影，古老的建筑可以变身为互动博物馆，既保存了历史风貌，又引入现代观众体验的元素。另一方面，技术的进步也为历史文化资源的创意开发提供了新工具。多媒体展示、三维重建技术甚至是增强现实技术，可以使历史文化资源以更为生动的方式呈现在公众面前。这样的体验不仅让群众能够更加直观地了解历史，更在视觉和感官上产生强烈的印象。创意开发还应注重历史文化资源与地方社区的联系。在活动设计时，应使当地居民成为活动的一部分，通过他们传承下来的故事、风俗习惯甚至是家中传世的物品，来展现一个地区的历史文化风貌。这样不仅有助于促进社区的凝聚力，还能让外来游客更好地理解并欣赏本土文化。最后，历史文化资源的创意开发需要关注其教育意义。通过策划教育性质的活动，如学校课程、研学旅行、讲座和工坊等，让更多的年轻人接触并理解这些文化资产的价值。这种教育既是文化传承的过程，也能够培养下一代对自身历史文化的认识和尊重。

群众文化活动品牌的培育与开发

在群众文化活动的开展当中，应当积极利用地方资源，确保文化活动符合当地实情的同时，促进地方文化的传承与保护。地方资源内容众多，包括历史文化、动植物、风俗习惯等，都能够成为文化活动的主要利用对象，通过对当地特色风貌的挖掘和宣传，在文化活动开展当中加入多样化元素，既可以提高群众参与的积极性与主动性，又可以提高活动质量。比如，在群众文化活动当中，组织群众对当地历史名人故居进行参观，使群众切身了解古代先贤的生活状态，以加强其认知程度。加强地方资源的有效利用，还应当保持理智的心态，对地方文化进行剖析，凸显其中积极因素而摒弃消极因素。

一、群众文化品牌塑造的基本原则与方法

群众文化品牌的培育与开发是一项复杂而细致的工作，它要求从文化内涵、品牌形象、市场定位等多方面进行全面考量。群众文化品牌塑造的基本原则与方法，涉及文化价值的传播、品牌认同感的培养以及长远发展的战略规划。首先，品牌塑造要建立在深刻理解群众文化的基础之上，这不仅仅是对特定文化产品的形式和内容的理解，更包括对该文化内在价值和意义的把握。品牌的塑造需要从文化的独特性出发，找到与群众情感共鸣和需求相契合的点，构建起品牌的基础。其次，塑造群众文化品牌需要精心设计视觉识别系统，包括标志、标准色、字体等视觉元素的选用。这些都是品牌形象中不可缺少的部分，它们应该能够传达出品牌的核心理念，同时具有较强的辨识度和记忆点，使公众能够快速识别并产生联想。传播渠道和方式对品牌塑造同样至关重要。随着媒体环境的变化，线上的

社交平台、内容营销和互动式媒介成为重要的品牌传播渠道。在这些平台上进行有效的内容推广，不仅可以扩大品牌影响力，也可以更加精准地触达目标群体。此外，品牌故事的打造是另一种重要的品牌塑造方法，一个吸引人且富有创造力的故事能够赋予品牌强烈的个性，并与消费者产生情感上的联结。通过故事的形式，可以将品牌的历史、理念、愿景以及产品背后寓意传达给公众，加强品牌的文化吸引力。最后，持续的互动和反馈机制对于群众文化品牌的长效维护至关重要。通过市场反馈和消费者互动来及时了解品牌形象和产品在群众中的反响，能够为品牌调整策略和持续发展提供指导。

二、地方文化活动品牌建设的成功案例剖析

地方文化活动品牌建设的成功在于其能够持久地吸引观众、提升地方文化的知名度，并形成持续的经济效益。以京剧与四川变脸为例，它们不仅是中国文化的瑰宝，也是地方文化品牌的卓越代表。京剧作为国粹，其品牌建设则致力于将这一国粹艺术形式延续并推广到世界各地。许多京剧团体定期进行国际巡演，通过精湛的表演艺术吸引了来自不同文化背景的观众。这种巡演不仅在世界各地传播了京剧的魅力，也为京剧在国际文化交流中赢得了尊重和影响力。参与文化节等活动，京剧能够与其他国家和地区的文化艺术形式进行互动，这样的交流不仅丰富了京剧自身的表现形式，也促进了文化的多元互鉴。京剧表演艺术家们还注重与年轻一代观众的互动。随着社交媒体和网络直播等现代传播途径的普及，京剧正在走进年轻人的世界。通过与年轻观众的直接对话，京剧能够紧跟时代的脚步，调整表演风格和内容，以吸引年轻人的注意力。这些现代化的传播方式，让京剧与年轻一代的生活方式和文化消费习惯建立了连接，促使这项古老艺术形式在新的文化环境中焕发活力。

四川变脸艺术以其诡秘迅疾的换面技巧，结合戏剧性的表演，抓住了观众好奇与惊喜的心理，赢得了大众的喜爱和认同。变脸技艺的秘密传承和独特的文化韵味，让它成为川剧乃至中华文化宝库中的瑰宝。所有这些因素共同塑造了变脸在国内外的盛名，并且让它成为一种文化符号，代表了四川乃至中国的传统文化。

在品牌建设方面，变脸艺术的守护者们始终坚持创新。他们不拘泥于传统的表演模式，而是大胆引入现代元素。例如，变脸表演中融合了电子音乐，使传统戏曲的节奏与现代音乐的活力相结合，引起了年轻观众的共鸣。现代化舞台特效的使用，如精心设计的灯光与视觉效果，使得变脸更加生动，令观众仿佛进入一个奇幻的世界。这些举措让变脸艺术以一种全新的面貌与现代社会接轨，同时保留了它的神秘感和艺术价值。另外，教育和培训的加强，尤其是对于新一代艺术家的培养，显示了变脸艺术品牌建设者对于传承的重视。通过开设培训班，艺术家们向公众开放了这门艺术的神秘面纱，让更多有兴趣的人能够近距离地体验并学习变脸的技艺。这种互动性和体验感的提升，不仅使得变脸艺术更加亲民和易于传播，还培养了观众对于川剧传统的兴趣和尊重。

这两个成功的案例揭示了地方文化品牌建设需把握几个核心要素：创新与传统的结合，使文化艺术与现代观众产生共鸣；文化传播的国际化，扩大影响力，提高品牌的全球知名度；注重教育和人才培养，确保艺术形式的传承与发展；运用现代营销策略，塑造品牌形象，拓宽观众基础。这些策略的实施不仅增强了地方文化品牌的竞争力，也促进了地方文化的可持续发展。

三、从地方特色到国家级品牌：提炼与传播

地方特色的提炼与传播对于打造国家级品牌至关重要，这一过程涉及深挖地方文化的独特性，同时将其普遍价值与国家文化的主流需求相结合。成功的转型不仅令地方文化得到保护和推崇，还使其超越地域限制，得以在更广阔的领域内传承与发展。强调地方文化特色的国家级品牌建设，依托于地方文化的深层价值和独有特质。地方文化元素蕴含着丰富的历史信息和社会情境，这些元素在提炼过程中需被充分理解和尊重。精确掌握地方文化的精神内核，通过创新的方式展现其独特魅力，是品牌提升的关键所在。

在提炼地方特色时，须结合现代市场的需求与趋势。挖掘文化活动中能够引起共鸣的部分，如特定的风俗习惯、节日庆典、民间艺术形式等，并赋予这些元素新的生命。地方特色成为文化活动传播的核心内容，通过精准的市场定位和目

标观众的描绘，进行有效的传播策略规划。传播过程中，利用多样化的媒介和渠道尤为关键，至关重要的是确保信息传递的精准性及时效性。新媒体的使用，例如社交网络、流媒体平台、微博以及视频分享网站，可极大提高地方文化特色的可见度和关注度。强调故事叙述的力量，以叙事的方式传达文化的深层含义，使故事具备感染力并触及人心。

经过这一系列的精心筹划和执行，地方特色得以扬名立万，转化为国家级品牌的过程既是文化的传播，也是价值的再创造。当地方特色与国家文化的传播力量相结合，品牌便拥有了跨越地域的影响力，成为国家文化软实力的重要组成部分。通过稳步推进传播，国家级文化品牌能够在国内外产生广泛影响，提升民族文化的自信心和国家的国际形象。

四、文化活动品牌与地方经济发展的互动关系

文化活动品牌与地方经济发展作为一种双向促进的动力机制，在当地的经济振兴与文化传承中扮演着举足轻重的角色。文化活动品牌的推广，不仅能够提升地方文化的影响力，而且能够带动相关产业的发展，为地方经济增添新的活力。地方文化活动经过品牌化之后，成为吸引游客和投资的重要手段。品牌化的文化活动，通过其独特的吸引力，能够促进旅游业的发展。参与者不单是到访一地，体验地方特色活动，更是在品牌的引导下，享受服务、购买商品，最终实现文化消费。这种消费直接反哺了当地的餐饮、住宿、交通等相关产业，促进了地方经济的全面发展。此外，地方文化活动品牌的建设还能激发地方创意产业的活力。文化活动品牌不仅仅是文化的展示，更是文化创造价值的过程。设计、广告、媒体等创意产业在此过程中具有不可忽视的作用。它们提供了将文化活动转化为具有市场影响力商品与服务的平台和工具，促进了地方创新能力的提升和文创产品的丰富。文化品牌活动的兴盛会进一步吸引资本的投入。投资者可能会基于文化活动品牌的市场潜力和经济效益，选择投资当地的文化项目。这样不仅能给当地文化产业注入资金，更能在长远中带动高素质人才的聚集与文化项目的孵化，从而实现文化资本和经济资本的良性循环。

在这一切互动关系中，政府的角色也不可或缺，通过政策支持、资金扶持等措施，政府能够为文化活动品牌的培育与推广创造有利的外部环境。政府的介入不仅有利于确保文化活动的质量和水平，还能通过制定合理的监管政策，引导文化活动品牌与地方经济的健康发展。

五、网络时代下群众文化品牌传播的新途径

网络时代为群众文化品牌的传播提供了前所未有的机遇，多样化的网络平台和沟通渠道使文化品牌信息传播得以突破传统边界，达到更广泛的受众。在这一背景下，研究和实践群众文化品牌传播的新途径，对于提升文化活动的知名度和参与度具有重要意义。网络平台提供的互动性质为群众文化品牌创造了独特的互动空间。社交媒体如微博、微信、抖音与直播平台等，这些工具不仅快捷地连接品牌与公众，而且使品牌信息的分享与传播更加及时和便捷。这些平台为文化活动搭建起与受众之间的对话桥梁，实现信息的双向流动和反馈收集。利用网络平台进行内容营销，群众文化品牌可以打造丰富多样的内容产品，如微电影、微课堂、在线展览等，通过故事化和视觉化的内容产出吸引受众，提高文化活动的吸引力。同时，内容营销可以依托大数据分析，精准锁定目标受众群体，制定个性化的推送策略，提高传播效率。

电子商务平台的崛起，为群众文化品牌提供了商品化和市场化的新渠道。品牌可以通过与电商合作，将文化产品和服务进行线上推广与销售，不仅扩大了销售渠道，而且借助电商平台的流量和用户基础，增强品牌的市场竞争力和经济效益。另外，SEO 优化技术和 SEM 市场策略的运用，可有效提升品牌在网络搜索中的可见度。紧跟搜索引擎算法的更新，合理地调整关键词策略和网站内容，可确保品牌在网络信息的海洋中获得更高的排名，吸引更多潜在受众的注意力。

群众文化社会化条件下的活动管理

开展群众文化活动对我国国民精神文明建设具有重要意义，所以工作人员在对活动策划和部署期间，应当富有活力、敢于尝试、勇于创新，更好地促进群众文化活动的进步与发展。

一、社会化媒介对群众文化活动影响的分析

在群众文化社会化条件下，社会化媒介对群众文化活动的管理具有深远的影响。分析这些影响有助于更好地理解媒介变革如何塑造文化活动的传播和接受方式，以及如何影响文化活动的策划、执行与评估。社会化媒介的本质是基于互联网的、能够促进用户间广泛交流信息的平台和工具。这些媒介，如社交网络、博客和论坛等，因其低成本、高互动性和强传播力而日益成为群众获取信息和分享见解的主要途径。随着智能手机和移动互联网的普及，社会化媒介的影响力更是深入人们的日常生活。

社会化媒介在群众文化活动中发挥的作用是多维度的。首先，它改变了信息流通的模式，实现了从上至下以及横向的信息传播。这就意味着群众文化活动的推广，不再完全依赖于传统的媒体发布，而是能通过个人的社交网络向更宽广的受众群体扩散。这些媒介为群众文化活动提供了实时性和互动性的特点。管理者可以通过这些渠道与受众进行即时沟通，获取反馈，对活动进行动态调整。这种互动不仅增加了参与者的参与感和满意度，也有助于活动管理者更精准地把握活动的效果，并及时作出响应。社会化媒介使文化活动的参与者能够发挥更大的作用。在这些平台上，每个用户都可以是内容的创造者、评论者和传播者。他们的

参与不仅能够影响活动的舆论走向,还能通过口碑传播等方式扩大活动的影响力。此外,社会化媒介上的数据分析为文化活动的策略制定提供了新的视角。管理者可通过分析用户行为数据、讨论的热度和情感倾向等,更好地了解受众的需求和偏好,从而更加精准地进行活动策划和市场定位。然而,社会化媒介也带来了一定的挑战。网络舆情的多变和信息的快速传播意味着一旦管理不妥,负面信息可能迅速扩散,影响活动品牌的声誉。因此,对于群众文化活动的管理者来说,构建有效的社会化媒介监测和应对机制是至关重要的。

二、群众文化活动在多元文化背景下的管理策略

在多元文化的背景下管理群众文化活动,是保证活动顺利进行、促进文化交流和理解的前提。这要求活动的策划和管理者具备包容性的思维,拥有能够在多样的文化需求中找到平衡点的能力。如此一来,群众文化活动不只是展现文化的舞台,更成为不同文化之间对话与融合的桥梁。管理策略的核心在于尊重和体现多元文化的价值。群众文化活动应该展现出对不同文化传统和观点的深刻理解,反映出对多样性的尊重。在活动策划中,应充分考虑各族群的文化特征和需求,包括语言使用、文化符号、习俗习惯等方面,确保每个群体都能在活动中找到归属感和参与感。

群众文化活动的内容和形式也应体现多元文化的融合,通过包含多种语言的材料、多样化的表演形式以及跨文化的主题等手段,让所有参与者都能够从中获得认同,并为不熟悉的文化展现出学习和欣赏的开放态度。设置主题活动,如跨文化节日庆典、国际美食节等,可以推动不同文化背景的人们进行交流与理解。同时,必须加强群众文化活动的沟通与协作机制。对不同文化群体进行定期的沟通,收集他们的意见和建议,会对活动的持续改进至关重要。确保活动信息的透明度和可访问性,以便不同文化背景的人们都能够轻松获取信息,并将活动视为能够参与的平台。

对于多元文化背景下的群众文化活动管理而言,重要的是采取包容性的教育

和宣传策略。通过教育项目、研讨会、工作坊等形式，促进对不同文化知识的传播和共享。引导公众对多元文化理念的了解和认同，帮助形成积极的文化互动态度，同时减少可能出现的文化误解或冲突。群众文化活动的成功管理策略必须建立在持续评估和反思的基础之上，通过收集反馈、监测参与度和评估活动的文化影响，管理者能够对活动进行精细调整，以促进更为和谐的多元文化共存。持续的改进不仅能提高活动质量，也能增强其在社会多元文化条件下的凝聚力和影响力。

三、增强参与感与归属感：社区文化活动的管理机制

群众文化社会化条件下，社区文化活动管理的核心在于如何增强居民的参与感与归属感。这种参与感与归属感通常源自个体对于社区文化活动的认同和情感投入，这对于活动能否获得成功至关重要。因而，构建鼓励参与和感受归属的管理机制显得尤为必要。首先是为社区文化活动注入创新理念，致力于开发符合社区精神的独特项目，包括融合了本地风情或代表了社区特色的活动项目。例如，如果社区拥有历史悠久的工艺传统，可以策划以此为主题的手工艺活动。设立工艺市集、传统技艺工作坊等，不仅让居民积极参与传统文化的学习与传承，同时也为当地工艺品创造销售和展示的机会。应强化社区居民对于文化活动的个人投入与归属体验。这包括提供机会让居民能够展示各自的特长和创意，如定期举办才艺展演、居民故事分享会，或是社区内的文化节。此类活动能够使居民间的互助与交流更加自然地产生，也为不同背景和兴趣的社区成员提供展现自我和相互欣赏的舞台。在日常管理操作上，采取对目标群体精准的沟通策略，依据不同年龄段、兴趣特点与生活习惯等信息进行细分，构建更加全面细致的活动通知与反馈机制。采用个性化的宣传材料和有针对性的推广策略，可以有效引起群众的兴趣和响应。为了长期维持社区文化活动的生机，持续进行效果监测和反馈循环同样至关重要。建立一个透明、公正、易于参与的评估体系，邀请居民参与活动的评价与改进建议的提出。倾听社区声音，尊重每一位居民的意见，将反馈视为未

来活动改进的宝贵资源。

管理机制的设计和实施都应注重个性化与互动性的结合。只有当每位社区成员感到自身是社区文化建设不可或缺的一部分时，才能真正激发出群众文化活动的活力，实现管理工作与社区发展目标的有机结合。推行这些管理措施，不仅能有效提升社区文化的多样性和创造力，也有助于增强居民间的凝聚力与整体社区的和谐气氛。

四、面向未来的群众文化活动管理模式创新

面对未来，群众文化活动管理模式需要不断创新，以适应社会变革和技术发展的新趋势。这一过程中，管理者要探索更加智能化、个性化和可持续的管理策略，塑造能够引领文化发展的新模式。智能化管理的融入是未来群众文化活动不可忽视的发展方向。利用大数据分析、人工智能以及物联网技术，可实现对群众文化活动的精确预测和需求分析。例如，通过分析参与者的在线行为和偏好，智能系统可以帮助定制个人化的活动推荐，同时优化活动的时间、地点和内容布局，以达到更高效的资源分配和更佳的参与体验。个性化服务的提供是增强群众文化活动吸引力的另一关键因素。在活动管理中，构建可根据不同群体文化背景和兴趣定制化内容的平台，使每位参与者都能感受到活动的贴心和专属。例如，设计可变式的互动环节，让不同年龄和兴趣的人群都能找到参与点，使文化活动管理更加灵活多样。

可持续发展同样不容忽视，群众文化活动要注重生态友好和社会责任感。例如，促进环保理念的活动，引导参与者进行绿色实践，如使用可循环物资、减少能源消耗等。此外，倡导正面的社会价值，如通过群众文化活动促进公益事业和社会融合，反映管理模式的社会担当。创新的合作与联盟机制也为群众文化活动管理带来新机遇。通过跨界合作，文化与教育、旅游、科技等多个领域的结合可以开启新的活动形式和管理模式。搭建文化企业与地方政府、非政府组织之间的合作平台，形成公私合营的运营体系，以便于文化活动的资源整合和创新实践的

推广。未来的群众文化活动管理模式将更加重视对新技术、新理念的融合与应用。应该不断探索和实验，培育出具有前瞻性和适应性的文化活动形态，满足不断发展变化中的公众需求，实现文化活动与时代发展的同步进步。

第六章

群众文化演出、展览及相关比赛活动

　　文化是民族的灵魂，是一个人找寻生命力量的基石。文化活动是展示自我才华、品味真善美、释放压力、感受人生快乐的过程。群众文化活动的魅力在于吸引更多的人参与，让老百姓唱起来、跳起来、乐起来，在文化活动中体会生活的美妙。山东省临沂市兰山区文化馆组织过不同艺术门类的活动，有欢乐、有辛酸、有成就。归结为一点，就是：群众文化活动要让老百姓尝到甜头。

群众文化演出类活动

文化惠民是把先进优良的文化活动带给群众，让他们感受到政府的关怀。文化人组织专业的文化活动就是让老百姓喜欢观看、喜欢欣赏和喜欢参与，从中尝到甜头，这就是文化亲切温暖的力量。

一、主题的多元化与创新

主题的选择直接关系到活动的吸引力、教育意义以及深远影响。为此，多元化和创新成为设计主题时的重要指导原则。

（一）主题的多元化

主题的多元化意味着活动策划需要涵盖各种社会群体和文化背景的兴趣点，旨在通过一系列广泛的主题链接不同的观众。群众文化演出不应局限于某一特定群体，而应通过包容性强的主题设置来体现社会多样性。例如，演出可以是关注当代社会问题的话剧，也可以是展示地方历史与习俗的民谣音乐会，还可以是以科普教育为目的的儿童剧。通过这样的多元化策略，群众文化演出将成为连接不同年龄、职业和兴趣群体的桥梁。

（二）主题的创新

创新则要求活动策划者敢于尝试未被充分探索的新颖主题，或者以新颖的方式重新诠释传统主题。这一点对于吸引新一代观众尤为关键，年轻观众更加渴望看到与众不同、具有创造性的演出内容。在创新处理上，策划者可以考虑将现代元素与传统艺术形式相结合，譬如将现代舞与古典音乐交融，或者在传统戏剧中嵌入现代剧情与角色。此外，运用最新科技，比如投影映射和虚拟现实技术，创造令人震撼的视觉效果，同样是对主题进行创新的有效途径。

（三）触及时代脉搏

紧贴时代脉搏的主题可以引发观众的共鸣和思考，使群众文化演出不仅停留在娱乐层面，还能够触碰社会现实和观众的情感。在策划此类演出时，可以选择反映当前社会热点问题或普遍关注的事件，如环境保护、平等权益、城乡发展等。这种类型的演出通常能激发公众对相关话题的讨论，加深社会对这些重要议题的理解和关注。

（四）文化深度的挖掘

主题的选择还应当深入文化内涵。群众文化演出应传承和展示当地乃至国家的文化遗产，使之在居民心中扎根。无论是通过展现历史故事、民俗传说，还是透过艺术演绎展示文化精华，都能够加深公众对本土文化的认识和自豪感。这样的文化深度不仅有助于传承传统，更有利于构建当地文化的独特性和吸引力。群众文化演出类活动的主题应紧扣时代和文化的双重脉动，不断探索并注入创新和多元化的元素，以此满足广大观众的期待，使活动在娱乐大众的同时，能承载更深远的文化和社会价值。通过这种丰富的主题设计，群众文化演出将更具包容性、创新性和教育性，在促进社会文化进步中发挥更加积极的作用。

二、演出形式的创新

在当今科技迅猛发展的背景下，群众文化演出类活动的形式也在不断革新。为了吸引更多的观众群体，尤其是科技感和新鲜体验的追求者，现代科技手段，尤其是增强现实（AR）和虚拟现实（VR）技术的应用，已成为演出形式创新的重要方向。以下四个方面深入探讨了演出形式的创新。

（一）技术与艺术的结合

将增强现实和虚拟现实等现代技术与传统艺术演出相结合，能够创造出前所未有的视听体验。例如，通过增强现实技术，可以在舞台演出中融入虚拟元素和背景，增加视觉层次感，使得传统戏剧和舞蹈表演更加生动和迷人。同样地，虚拟现实技术可以使观众通过头戴设备进入一个完全由数字制作的三维世界，体验到一个全方位无死角的演出环境，就仿佛亲身置身于故事之中。

（二）沉浸式体验的实现

对于观众而言，沉浸式的观感体验是极富吸引力的。现代科技手段的运用，尤其是 AR 和 VR，可以打破传统的演出观赏边界，带来一种身临其境的感受。使用这些技术，可以让观众参与到演出的故事情节中，经历一个个互动环节，甚至能影响剧情的发展。这种参与型体验大大提高了观众的参与度和满意度。

（三）拓宽演出内容的界限

运用 AR 和 VR 技术不仅可以为传统演出增色，还能够拓展演出的内容和形式。例如，可以创造一个虚拟的世界，让观众在其中探索并体验不同的文化故事或历史事件。这种技术的应用使得演出不再受限于舞台的实际空间，演出内容可以更加广泛和多元化，能够涵盖更多的主题和故事，满足不同观众的兴趣和需求。

（四）提升教育性和互动性

将现代科技手段应用于群众文化演出中，还可以提升演出的教育价值。利用 AR 和 VR 展现历史事件或展示复杂的科学概念，可以使观众在享受文化娱乐的同时增长知识。另外，通过这些技术，观众可以与演出内容进行互动，甚至可以在教育类演出中进行模拟体验，使得学习变得更加生动和有趣。结合现代科技手段，特别是增强现实和虚拟现实技术，可以极大地丰富和创新群众文化演出的形式，为观众提供全新的沉浸式观感体验。这样的创新演出形式，不仅能提升观众的参与度和满意度，还对文化艺术的传播、教育以及市场拓展具有重要的促进作用。

三、艺术表演的专业主导与群众参与结合

(一) 确保演出质量

演出的专业性是质量保证的基石。专业艺术团体和艺术家在演出中扮演着关键角色,他们的专长和经验是确保表演质量的必要条件。专业艺术家在创意构思、剧本编写、导演、舞美设计、音乐制作等方面对整个演出的质量起着举足轻重的作用。他们通过精湛的技艺和对艺术深刻的理解,为群众文化演出设定了高标准,为观众呈现出高水平的艺术享受。

(二) 鼓励社区成员参与

社区参与的重要性体现在群众文化演出是"群众"的,也是为"群众"服务的。鼓励社区成员参与进来,不仅能够拓宽他们的文化生活,还能促进社区间的交流与融合。参与可以多样化,从辅助演出的志愿服务,到在群众场景演出中担任角色,或者在演出策划及后台支持中发挥作用。这种参与为社区成员提供了展示自己才能的平台,也增加了演出的多元性和真实性。

(三) 创造性的结合

专业与群众相结合的创造性,不仅是体现在演职人员的使用上,还应体现在演出内容和形式上。社区成员的参与能够带来新鲜的观点,为专业艺术家提供灵感。同时,专业艺术家可以引导社区成员,将他们的生活经验和个人故事转化为艺术表现,这样的互动能够保障演出的质量,提高演出的真实性和感染力。

(四) 持续性的培养与合作

为了保持艺术表演质量,同时确保社区成员能持续并有效地参与,需要建立一套长期的合作和培养机制。可以通过定期举办工作坊,提供艺术培训和实践机会给社区成员,以培养他们的艺术兴趣和表演技能。也可采用艺术家驻地等方式,让专业艺术家长期与社区互动,以保证他们对社区文化和需求的深入理解,打造出更具吸引力和影响力的群众文化演出。

四、保障设备与技术支持

优秀的声音系统对于任何演出都是基础且不可或缺的。它保证了观众能够清楚地听到每一个音符和字词，无论他们坐在哪个位置。高质量的声音效果能够传达出表演者的情感，营造适合演出氛围的声场。这不仅涉及音响设备的选择，如扬声器和麦克风的质量、布局，还涉及声学设计，确保声音在场馆中均匀分布，减少回声和噪音，提供清晰、富有层次感的音频效果。

（一）灯光效果的艺术运用

灯光不仅使得舞台可见，更是演出表现力的一个重要组成部分。专业的灯光设计能够补充或强化舞台上的情感表达，通过光影的变化来引导观众的注意力，增强某些场景的戏剧效果。高质量的灯光设备和精心设计的灯光剧本，可以实现从平淡到壮观的各种视觉效果。如模拟日落的暖色调，或是幽暗森林中神秘蓝色的光束，都可以强化观众的视觉体验。

（二）技术支持的专业性

一个成功的群众文化演出需要背后的技术团队的专业支持。他们负责设备的安装、调试和操作。专业的技术人员能够确保演出中的各种设备稳定运行，及时应对可能出现的技术问题。此外，还需要与艺术导演和表演者紧密合作，了解艺术意图，通过技术手段将其完美呈现出来。

（三）持续的技术更新与维护

为了保持演出的高观赏性，设备的更新和维护是必不可少的。随着技术的不断进步，新的声学材料、灯光设备和控制系统的开发，有助于提高演出的质量和观众的沉浸感。因此，定期评估和升级技术设备是很有必要的，不仅能提升演出效果，还能增加设备的使用寿命和性能稳定性。

五、演出的环境与氛围营造

选择合适的演出场地对于确保整体艺术效果至关重要。场地需要与演出主题相匹配，并足以容纳预期的观众人数，同时也要考虑舞台视野、音效传播、观众的舒适度等因素。例如，对于一部反映乡村生活的戏剧，选择一个洋溢着田园风情的露天剧场，可能比封闭的现代剧院更有助于表达作品灵魂。同样地，对于现代舞台剧而言，高科技设备齐全的现代剧场更能发挥其视觉效果。

（一）布景设计的艺术运用

布景是构成演出视觉元素的重要部分，它直接影响到观众对于剧情的感受和理解。优良的布景设计不仅能够精确反映时代背景和地点设置，还能够象征性地表达主题，激发观众的想象。布景的设计应考虑色彩、构造和布局，使之成为表演的有力补充。现代科技的使用，如投影、LED屏幕等，也为布景的变换和场景的创设带来了无限可能。

（二）周边环境的整体考量

演出的环境营造并不限于舞台本身，周边环境同样对观众体验有重要影响。入口处的布置、走廊的装饰，甚至是休息区的设计都应考虑与演出主题相协调，从而在观众还未入座前便开始接受艺术氛围的熏陶。此外，功能性服务，例如指示标识、座位安排和安全出口的明确，也都能增进观众的舒适感和满意度。

（三）氛围营造的创意途径

在营造氛围时，创意和细节是关键。不同的演出可能需要不同的气氛设定。比如，对于一个充满神秘感的剧目，可在入场时播放低沉的音乐，用昏暗的灯光引导观众进入座位。而喜剧演出，则可以设置明亮而温馨的入口，甚至是有趣的迎宾角色，为观众即将上演的趣味生活打好基调。

六、文化传播与社会教育并重

文化传播意味着通过各类演出将文化价值观、传统和艺术普及到广大群众中去。艺术演出作为一种直观且具有感染力的媒介，能够跨越语言和文化的障碍，向不同年龄、背景的观众传递深刻的文化信息。有效的文化传播能够唤醒公众对传统的认识，增强民族身份认同，激发公民对社会问题的关注和讨论。

（一）社会教育的角色

社会教育在群众文化演出中扮演着至关重要的角色，演出不只是展示文化成果，同样是传授知识、传递价值观的渠道。借助于剧情、舞蹈、音乐等艺术形式，演出可以直观地展示历史事件、社会现象、伦理道德等主题，这对提升公众的历史意识、社会责任感和道德水平有着积极的促进作用。

（二）深入人心的文化塑造

演出有能力将抽象的文化和教育内容转变为具体且感人的艺术形象，通过观众的亲身体验使其深入人心。举例来说，一部反映抗战历史的剧作，通过真实而生动的场景再现和角色演绎，不仅讲述了历史事实，也激发了观众对于和平重要性的深刻理解。此外，关于环境保护、公民权利等社会议题的演出，同样能够增进观众的社会意识和行动参与。

（三）综合运用多种艺术手段

为了更好地实现文化传播与社会教育的目的，演出应当综合运用多种艺术手段，如多媒体技术、互动布景、寓教于乐的戏剧元素等。创新的演出形式如街头剧场、实验剧场，以及参与式或互动式演出也能提升公众参与度和学习效果，使文化教育的内涵更加丰富和多维。

群众文化展览类活动

　　展览是一种具有一定规模和相对固定的举办日期，以展示组织形象或产品为主要形式，以促成参展商和贸易观众之间的交流洽谈为最终目的的中介性活动。展览的主体包括组展商、参展商和观众，其主要内容是实物展示，以及参展商和专业观众之间的信息交流和商贸洽谈。传统上，展览的功能主要是联系和交易。随着展览市场的竞争加剧，参展商和观众越来越注重展会的实效，参展商和观众都希望从展会组织获得更多，希望所支付的服务能带来价值，选择余地也越来越大，招展和观众组织工作的难度加大。

一、交互式与体验式展览设计

　　交互式与体验式展览设计作为群众文化展览类活动中的一部分，旨在突破传统展览的局限，创造一种新颖的参观模式，使观众从被动接受信息转变为主动探索与体验的过程。如此设计不仅能够提高观众的参与度，还能增强整体的体验感。以下将详细探讨交互式与体验式展览设计的重要性及其实施策略。传统的展览往往采用的是线性的讲解方式，观众按照既定的路径观看展品。而交互式展览设计通过引入参与性元素，如互动屏幕、体验区域和参与式工作坊，鼓励观众成为展览的一部分。例如，通过设置触摸屏信息站，观众可以查询展品的详细资料，甚至与展览内容进行虚拟互动；通过模拟体验环节，如历史重现或文化技艺互动，观众能够亲身感受制作过程，获得更为深刻的记忆。

　　体验式展览设计注重于观众的感官体验，通过运用声、光、影和多媒体技术，创造一个沉浸式的环境。良好的体验式设计能够激发观众的好奇心，并带来情感上的共鸣，使文化的传播和教育更为生动和有效。例如，通过环绕声和专业照明设计，可以营造出自然环境的氛围；通过 VR 技术，观众甚至可以"穿越"到另一个时空，体验不同的文化和历史。此外，现代技术的应用在交互式与体验式展览设计中起到至关重要的作用。AR 和 VR 技术等新媒体手段能提供创造性的展示方式，使得展览内容更加多样化，能够满足不同年龄和兴趣的观众需求。例如，AR 技术可以使展品"活"起来，为观众提供额外的信息层次；VR 体验则可以无缝连接真实世界与虚拟展览，提供更为真实的沉浸感。

二、展览主题的地方特色与文化价值

（一）基于地理地貌与生态的展览主题

以特定地区的自然环境和地理特征为核心，开展展览活动。例如，展现海岸线城市的海洋文化、河流周边城市的水文史迹，或者山区城市的地理地貌与生态特色。展览可以通过真实的地理模型、互动电子地图、生态环境实拍照片等形式，来生动地传达地理环境与文化之间的交融。

（二）挖掘非物质文化遗产

非物质文化遗产是表现地方特色的宝贵资源。展览可以针对当地的语言、民间传说、歌曲、舞蹈等非物质文化遗产进行深入挖掘，用声音装置、录像展播、现场表演等多种手段，为观众展示地区文化的丰富性和传承性。利用现场互动让观众参与其中，如学习当地方言、尝试传统乐器，旨在打造有教育意义的文化体验。

（三）利用特色文化事件和人物

围绕地方历史中的重要事件和杰出人物设计展览主题。选择具有深远影响和象征意义的历史时刻，或是塑造了城市精神面貌的历史人物，将其故事与突出成就作为展览内容，通过文献资料、档案影像和互动话剧等形式展现。此做法不仅让观众对地方历史有更为直观的理解，同时传递出独特的文化价值和精神内涵。

（四）独有的地方工艺与美术

地方独有的手工艺品和艺术作品是展现文化特色的重要途径。展览应当着重展示工艺美术的独特技艺和审美特征，如陶瓷、纺织品、雕刻、绘画等，不仅展现成品，也可以现场展示制作过程，或提供工艺体验活动。通过让观众亲眼见到或亲手感受工艺的精细与美感，赋予展览更深层次的文化认同。

三、展览导览服务的完善

展览导览服务的完善是提升群众文化展览活动质量、提高观众满意度的关键措施之一。多语种的导览服务能够让来自不同国家和地区的观众无障碍地享受展览，进而增加展览的可达性和包容性。以下内容将详细阐述如何实现导览服务的多样化，并使其满足广泛观众需求。

（一）语种丰富性的体现

设计一个包容性强的展览，必须考虑到观众语言多样性的需求。提供多种语言选项的导览服务，不仅体现了展览对不同文化背景观众的尊重，也能有效地传递展览内容，确保信息的无障碍交流。以世界级博物馆所采取的多语种标识和讲解为榜样，展览应配备相应语言能力的导览人员或语音导览设备，至少涵盖英语、法语、西班牙语等国际通用语言，同时考虑到可能出现的地区性语言，如地方官话、少数民族语言等。

（二）技术在导览中的应用

现代技术的运用极大地提高了导览服务的质量和灵活性。智能手机应用程序、可下载的音频导览、二维码快速访问等技术手段，为不同语言的观众提供定制化的信息服务。技术的引入同样可以包含对听障或视障观众的附加服务，比如提供字幕选项的视频导览和触感体验指南，以实现对所有观众的无差别服务。

（三）培训专业的多语种导览人员

除了技术手段，聘请经过专业培训的多语种导览人员同样是重要的一环。这些人员除了要掌握相关语言技能，还应具备良好的沟通能力和展览内容的深入理解，能够准确传递文化内涵，并回应观众的疑问。此外，专业导览人员可以根据不同观众的特点，调整讲解的深度和广度，服务更加个性化。

（四）文化差异的考量

在提供多语种服务的同时，应深入了解和考虑文化差异对导览服务的影响。不同文化背景的观众可能对展览内容有不同的认知和解读方式。因此，导览内容在翻译和制作时需要考虑文化敏感性和适切性，避免可能的误解和冒犯。甚至在可能的情况下，展览可以提供由不同文化背景的导游团队准备的导览方案，更好地贴合各国观众的解读习惯和文化期待。

完善的展览导览服务应体现在多语种支持上，并通过技术手段和专业人员的应用，为所有观众提供定制化的信息和沟通交流平台。考虑不同文化差异，将导览服务做得更加细致入微，确保每位参观者都能在展览中找到共鸣、获取知识、享受艺术。通过完善的导览服务，展览不仅能够有效传递地方特色和文化价值，还能营造一个国际化的包容性强的文化交流空间。

四、展览的教育功能强化

展览的教育功能是其核心价值之一。专题讲座和工作坊等形式，可以极大地增强观众的学习体验，将普及艺术教育的理念深植人心。在规划和设计教育功能强化的展览时，应密切关注如何有效地结合教育内容与互动式学习，以激发观众的思考和创造力。以下是执行此目标的详尽策略。

（一）构建多维度学习框架

为了充分发挥展览的教育功能，需要构建一个立体的学习框架。展览设计应覆盖从基础知识普及到专业深度探讨的不同层级，为不同知识背景的观众提供相应的学习路径。例如，为学龄儿童设置互动游戏化的学习点，为成年人提供深度的历史文化解读，为专业人士和学者举办高级研讨会。

（二）设计主题化专题讲座

专题讲座应紧密联系展览主题，围绕展品背后的故事、艺术流派的发展、工艺技术的进步等方面进行。邀请学者、艺术家、工艺师等不同领域的专家主讲，可以为观众带来权威性的信息和深刻的见解。此外，讲座应采取多种形式，比如线下现场讲解、线上直播互动、录制视频分享等，以适应不同观众的需求和习惯。

（三）举办互动式工作坊

工作坊是提升观众参与感和实践学习体验的重要平台。通过设置不同主题的工作坊，如书法、绘画、摄影、剧场表演等，观众可以在专业指导下尝试亲手创作，增进对艺术形式的直观理解和个人技能的提升。工作坊同样可以根据年龄和兴趣分班制举办，配以教学资料，强化学习效果。

（四）融入现代教育手段

现代教育技术的融入对于提升展览的教育价值至关重要。借助于多媒体展示、虚拟现实体验、在线教育平台等现代科技手段，可以使学习变得更为生动和便捷。例如，通过虚拟技术重现历史场景，观众可以更直观地理解历史事实；在线平台可以让无法到场的观众参与讲座和工作坊。

（五）建立持续的学习网络

强化展览的教育功能并非仅限于展览期间，而应建立一个持续的学习网络。通过社交媒体、电子邮件通讯和专属网站，持续发布相关教育内容和后续活动信息。建立参观者、讲者和教育者之间的长期联系机制，为观众提供持续学习的资源和支持。

五、展览后勤保障与服务质量

展品是展览的核心，其安全性必须得到严格保障。除了传统的物理安全措施，如展柜的坚固性、安防系统的可靠性以及防火、防震的基本设施，还需加入现代技术手段，例如温湿度自动监控系统、高清视频监控以及红外线报警系统。此外，展品在运输过程中的包装保护、物流追踪和保险等环节也应被纳入安全管理体系之内，确保文物在全过程中的安全。

（一）优化的观展环境设计

设计和维护一个舒适、便利的观展环境是增强观众体验的重要因素。良好的展厅布局规划应确保人流合理分布，避免拥挤。适宜的照明和标识系统为观众提供清晰的环境感知。同时，考虑特殊需求人群的无障碍设施和服务是提升服务质量的体现。对于展厅空气质量、清洁卫生等细节同样不容忽视，以确保环境对展品和观众都友好。

（二）服务质量的提升举措

服务质量的提升是提高观众满意度的关键。专业培训的服务人员能够提供咨询、指导和应急服务。此外，增设的休息区、咖啡厅、纪念品商店等，不仅能够让观众在观展间歇得到休憩与享受，而且也是展览文化推广的延伸。针对大型展览事件，组织者应准备充足的志愿者和临时工作人员，以应对高峰期的观众服务需求。

（三）持续监控与质量评估

展览期间，应建立一套持续的监控与评估体系。通过收集观众反馈、服务人员报告和技术监控资料，分析可能存在的安全隐患和服务短板。定期进行安全演练和服务培训，持续提升后勤团队的应急处理能力和服务水平。通过后续质量评估，不断优化展览后勤策略和服务流程。

六、展览的持续推广与评估

在数字化时代，多渠道推广成为接触广泛观众的关键手段。除了传统的宣传手如印刷海报、电视广告和电台播报外，利用社交媒体进行互动式宣传越来越受欢迎。平台如微博、微信、抖音等，允许以更低成本实时更新活动信息，借助用户分享扩大影响力。同时，通过在线预告片、艺术家访谈、幕后制作花絮等形式，增加内容的趣味性和信息的丰富性，吸引更多受众群体。

（一）展览期间的实时互动与反馈收集

展览进行期间，通过设置现场互动环节或者线上互动话题，如现场投票、答题抽奖等，促进观众积极参与其中。实时更新展览现场的动态，吸引未来的潜在观众。通过社交平台收集参观者的照片、评论和建议，这些第一手资料为展览评估提供了基础。

（二）利用数据分析执行精确推广

借助社交网络分析工具，对用户行为进行数据分析，以了解观众的偏好和行为模式。根据分析结果，优化推广策略，精准投放广告，确保宣传资源的有效利用。针对不同目标观众群体，设计个性化的推广内容，提高投入产出比。

（三）展后评估的综合方法

展览结束后，进行全面和系统的评估对于提高未来展览效果至关重要。通过问卷调查、访谈、观众数量统计、社交媒体分析等多种方式综合收集反馈信息。关注参观者的满意度、要求未达到的地方、改进建议等，以及展览的社会效益与文化影响。

（四）策略性的信息利用与展览改进

将收集到的反馈转化为可执行的改进措施。对展览的内容、组织、宣传等方面进行针对性优化。对成功的元素进行总结，并在未来的展览中予以复用或强化，而对识别出的问题，则应制定详尽的解决方案。

展览的推广与评估是一个动态的、周期性的流程，需要及时的信息交流与精确的数据分析。结合媒体传播与社交网络的力量，可以更有效地吸引公众的注意力，而细致的评估机制，可以确保根据公众的反馈调整展览策略，提升总体的质量与效果。最终，这种不懈的推广和持续的优化，能让群众文化展览的价值最大化，促进文化的传播与教育。

群众文化比赛类活动

群众文化活动开展，是共享改革发展成果、推进精神文明建设、丰富群众文化生活、构建和谐社会的重要内容，地方政府责无旁贷，需要采取措施，给予鼓励、支持。比如，山东省临沂市兰山区开展的秧歌汇演、民间歌手大赛等活动都是群众文化比赛类活动。

一、竞赛主题鲜明与时代相关

进行创新性竞赛规划时，首要任务是确立一个鲜明且与时代相关的主题。这不仅要求比赛的主题紧密贴合当代社会文化特点，同时也需反映出新兴创新潮流，激发参与者的创造力和社会责任感。首先，在当今快速发展且多变的世界里，选择一个能引起公众共鸣和关注的主题是值得首要考虑的。例如，主题可以围绕全球性问题，如气候变化、环境保护、可持续发展等，这些议题不仅紧贴时代脉搏，还具有普遍关注的价值。设置如"绿色未来""创新生态保护方案"等主题，可以吸引参与者提交针对这些全球问题的解决方案，不仅能激发他们的创新灵感，也能够增强公众对于这些议题的认识。其次，竞赛主题应具有前瞻性，描绘出一幅未来社会可能面临的挑战及机遇。科技的迅猛发展，诸如人工智能、大数据、生物技术等新兴技术，正逐渐改变我们的生活方式。围绕这样的领域，设置主题如"AI在教育中的应用"或"生物科技改善人类健康"的竞赛不仅仅是一次思想的碰撞，更是对未来的一次预演。再者，确立竞赛主题还需探讨社会文化层面的话题，如多元文化交流、社会公正等，这些因素同样影响着当代社会的发展脉络。竞赛可以设置主题为"设计反映多元文化交流的公共空间"或"艺术与社会公正对话"，鼓励参与者考虑如何通过文化艺术来促进社会融合与平等。除了反映时代特点外，竞赛主题还需要促进思维的拓展和知识的丰富。这就要求主题设计具有深度和教育意义。通过组织针对历史事件的创意再现或对传统文化的现代诠释等主题，参与者不仅能够深入了解文化遗产，还能在现代语境下对其进行再探讨。

为了确保主题的多样性和包罗万象，应该涉猎不同领域的知识和技术，紧跟时代潮流。从科技创新到社会议题，从传统文化到现代艺术，这些多领域的主题结合，能确保比赛内容的丰富性和深度。竞赛的组织方在确定主题时，还需反思并预设期望达到的教育目标和社会效果。主题的选择不能只是为了竞赛本身，更应当是为了教育社会、提升公众对关键问题的认识以及促进社会进步。总之，一个鲜明且与时代相关的竞赛主题，能够使比赛成为技能和知识的比拼场，更是思想和文化的碰撞平台。这样深思熟虑并妥当选择的主题，能够吸引并培养具备时代前瞻性的创新人才，也能够为社会文化的发展贡献力量。

二、竞赛的开放性与包容性

竞赛的开放性与包容性代表着一个积极主动迎接多样性的态度，是在构筑互相理解和交流的桥梁。开放与包容确保了每一位潜在参与者都得到尊重和机会，不因年龄、文化、语言、教育背景或其他可能的社会身份而受限。首先，开放性与包容性的确立要求竞赛组织者在设计比赛规程时就致力于消除一切可能的参与障碍。这意味着宣传材料应当采用多种语言发布，以覆盖不同语言群体，并且确保比赛信息的广泛可及。另外，比赛地点的选择要考虑到交通便利性和无障碍设施配置，以适应包括行动不便者在内的各类参赛者。其次，真正的包容性还表现在评选过程的设计上。评审团要囊括多元文化和不同专业领域的评委，以免偏颇，更好地理解各类参赛作品的价值。评审标准必须明确且全面，不仅评价技能水平，也重视创意思维和文化表达效果。

从参与层面来讲，为了鼓励各类群体参赛，可以设置不同年龄组、不同水平类别的竞赛，以便新手、业余爱好者和职业人士之间都有公平的竞技平台。例如，对于青少年参与者，可以通过学校和社区组织特定的工作坊或指导会，为他们提供竞赛所需的资源和指导。而对于成年业余爱好者和专业人士，则通过在线平台和工作空间提供相应的技术支持和交流机会。在鼓励不同背景人才的同时，竞赛应关注性别平等和文化差异性，通过针对性的措施促进广泛参与。对于经常被边缘化的群体，如少数民族、偏远地区居民，应特别设计项目和机会，让他们的声音和创造力得以表达和欣赏。另外，开放性和包容性不仅限于参与者层面，还应扩展至观众。通过网络直播、录像回放等方式，即使未能到现场的观众，亦能够观看比赛过程，参与讨论和投票，扩大比赛的受众和影响力。

三、竞赛规则透明与严格执行

竞赛规则的透明性与执行的严格性构成了比赛公正性的基石。当所有的参与方——无论是参赛者、评委还是观众——都对比赛的规则有着清晰的了解，并且确信这些规则将得到严格执行时，竞赛的合法性和公正性才得以确立。首先，规则的透明化意味着所有参与竞赛的相关信息应当对所有参与者开放，这包括比赛的评判标准、程序流程以及各阶段的时间节点。明确的参赛指南应在竞赛公告一开始就提供，以确保潜在的参赛者在报名之前能够了解所有相关信息。这些指南应包括详尽的作品提交要求、评审过程的说明、奖项设置以及可能影响参赛资格的因素。

在明确的评价标准上，组织者必须保证评审标准与比赛目的和主题紧密相关，可量化且操作性强，保证评审的有效性和可行性。这意味着标准不仅要明确，而且要具体，例如，在艺术比赛中，评审标准可能会细分为创意性、技巧运用、主题表达、视觉效果等。每一个评审维度都要有清晰定义的评分标准，并且对评委进行详细说明，以预防个人主观判断对评审结果产生不公正影响。此外，为确保执行的严格性，比赛的过程中应该有一个明确的监督机制，来监控规则的执行情况。这可能包括内部审计、公众监督、法律顾问等，确保竞赛从报名到评选结束在整个过程中的每一个环节都遵从已设定的规则。严格执行不单指评委公正无私，还包括准时的时间管理、严格的作品审核、透明的得分公布以及对于疑议的合理处理。

执行过程中的纠纷处理也是关键。尽管规则已经尽可能地明确，但在实际操作中仍可能出现解释不一或实施困难的情形。这就要求组织者准备一个明确的纠纷解决方案，如设立申诉机制和组建审议委员会，确保所有参与者的权利和义务得到平等对待。为确保规则透明与执行严格，必要时应对过往比赛进行复盘，针对发现的问题及时修订规则并加以完善。在更新的规则中应反映来自参赛者、评委以及观众的正当反馈，以持续改进比赛流程和公正性。

四、培养参与者的团队精神和创新能力

团队精神和创新能力的培养是当代教育领域强调的重要方向，而在群众文化比赛活动中落实这一目标，不仅有助于参与者个人技能的提升，而且促进了集体智慧的发挥和社会创新能力的整体提升。

首先，团队精神的培养源于成员之间的有效沟通与协作。竞赛项目设计应鼓励参与者组建多样化的团队，例如，可以明确要求团队成员来自不同的学科领域或具备不同的技能，以激发跨界合作。通过团队合作解决比赛任务，参与者将学会如何倾听他人意见、如何协调分歧以及如何整合各自的知识和技能来共同达成目标。其次，为了培养创新能力，竞赛项目应当设置具有挑战性和开放性的问题或主题。项目应当鼓励参与者发散思维，不拘泥于传统解决方案，而是要求他们提出创新的方法或设计。比赛可以包括如设计新型社会服务、创造新的艺术形式或者发明新的产品等，其目的是促进参与者跳脱固定框架，追求创造性成果。

在实施阶段，组织者应为团队提供一系列支持，如工作坊、研讨会或导师计划等。这些活动不但提供了技术和知识上的支持，更是促进团队内部建设和创意发展的平台。专家导师的引领和点评能够帮助团队更好地塑造创新想法，并引导团队如何将这些想法实现为具体项目。竞赛的过程中，评审标准也应充分体现对

团队协作和创新的重视。评委应当评估团队整体的思维广度、解决问题的独特途径，以及最终成果的创新性。而这些评价维度将促使参与者在竞赛中更加注重团队精神的展现和创新能力的锻炼。竞赛结果的公布和表彰不仅仅应基于最终成果，还应当通过展示团队工作的过程，来让其他参与者和观众理解创新项目从构思到实现的全过程。这种公开的分享和讨论有助于进一步激发参与者对团队工作和创新的认识和重视。

五、合作伙伴的深度参与

在当今社会中，教育不再局限于学校教室的范畴，更多的是通过与社会各界的互动和合作来完成。众所周知，联合教育机构、艺术团体和商业品牌共同举办比赛活动可以产生实质性成效，这不仅能丰富比赛的资源和内涵，也有助于参与者能力的全面发展。首先要指出的是，教育机构的参与可以呈现出比赛活动的学术背景和教育目标。通过与高等学府、研究机构的合作，比赛能够设计出既实用又具有挑战性的题目，使得参赛作品不仅能够反映创新思维，也能体现学术研究的深度。教育机构还可以为比赛活动提供技术支持、资料查询等资源，为参与者的学习与研究提供坚实的基础。

艺术团体的深度参与，使得比赛活动能够获得更为广泛的文化视野和艺术灵感。艺术团体通过展示过往作品、提供艺术指导和评审等方式参与活动，帮助参与者了解艺术创作的前沿趋势和经典作品，并将这些元素融合到自己的创作中。这种艺术界与教育界的联合，对于提升比赛的文化质量和艺术价值极为有利。

商业品牌的合作则为比赛注入了实践的力量。商业伙伴可以提供实际的市场数据、营销案例和经费支持，致力于将理论与实践相结合。此外，品牌的广告效应也有助于提高比赛的知名度，吸引更多的优秀人才参与。商业品牌的参与还可为赢得比赛的参与者提供职业实习、工作机会乃至创业支持，这些都为参赛者的职业发展提供了宝贵机遇。合作伙伴的深度参与，还体现在活动的筹备与推广上。组织各方可以携手举办专题讲座、研讨会、展览和其他形式的活动，共同策划和推广比赛，使其成为社会关注的焦点。他们共同的力量能推动社会资源的整合和优化配置，使比赛本身成为一次社交和学习的大会。最后，值得强调的是，伙伴的参与并非单方向的资助或支持，而是一种深入的合作关系。他们同时也是活动参与者和受益者，通过比赛项目能够增强自身在社会中的影响力和知名度，更能紧贴最新的教育和创新趋势。

六、后续发展机会的提供

后续发展机会的提供是激励参与者追求卓越成就的重要手段，且为获奖者开辟未来更广阔的发展道路。该环节的成功实施不仅能够肯定获奖者的努力，也能够激发所有参与者的潜力，鼓舞他们持续投身于群众文化活动。首先，展示平台的设置对获奖者来说是一种至关重要的认可。这样的平台可以是实体的展览会或虚拟的在线画廊，在这些场所内，获奖者的作品将被呈现给更广泛的公众。此举不仅仅为个人才艺提供曝光机会，更为其作品和所传达的信息找到可能的支持者和同好。该平台的构建还应该考虑到多样化的展示，不仅包括视觉作品，亦能将表演艺术、学术研究等多形式的成果呈现给观众。其次，专业机会的链接是为获奖者提供实际从业进入点的方式。这可以通过建立合作网络实现，涉及教育机构、研究组织、产业公司等多方面。例如，为设计比赛获奖者提供实习机会、对科研优胜者开放实验室资源，甚至为文学创作获奖者提供出版合同。通过与各专业机构的紧密联系，为参赛优胜者构建起一条从成就到职场的顺畅通道。

进一步的培训路径则为获奖者提供了继续发展和深造的机会。培训可以在多个层次上设计，从基础培训课程到高级研修班，既可以是线下的密集式辅导，也可以是线上的持续学习项目。这些培训项目应当能够帮助获奖者在技术、理论知识、实践经验等方面获得提升，从而更好地准备他们未来的专业发展。此外，建立获奖者的社区及网络也是为其后续发展提供帮助的有效途径。在这样的社区中，获奖者可以分享经验、交换意见、寻找合作伙伴及受到行业导师的指导。通过导师制和行业对话，获奖者能获得前沿的行业资讯和个人职业指导，这将对他们的职业成长产生积极影响。最后，对于在竞赛中表现优异的参与者，应当为其打造一个长期的成长和支持体系。不仅包括刚才提及的培训和展示机会，还包括奖励制度、持续性创作资金的支持，甚至是为他们的创业项目提供顾问服务。这些长期的支持措施能够帮助优胜者将在比赛中获得的经验转化为更大的个人及社会价值。

第七章

群众文化辅导培训活动

　　要坚持面向基层、面向群众，把文化活动根植于群众之中，真正做到文化工作重心下移。要充分利用各种传统佳节、重大活动，举办红歌合唱比赛、红色剧目进社区、书画摄影比赛、读书节等文娱活动，吸引群众广泛参与，不断提升群众业余文化生活的质量和品位。要充分调动群众参加文化建设的自觉性、创立性与热情，要让群众争当"主角"，培养群众个人的文化队伍，组建广场舞队伍、锣鼓队、"夕阳红"合唱团等，让群众成为乡村文化振兴的中坚力量。坚持以人民为中心的创作导向，加大对群众文艺创作工作的支持力度，启发群众创新智慧，奋力创作出更多更好反映时代特色的艺术精品，让基层文化"活"起来。

音乐类辅导培训

音乐作为艺术的一个重要分支，对人类文化的贡献是多方面的。首先，音乐在表达人类情感和思想上具有独特的功能。通过旋律、节奏、和声等元素，音乐能够深刻地触动人心，传达出喜怒哀乐、悲欢离合等各种复杂的情感。无论是古典音乐、民族音乐还是流行音乐，它们都能够唤起人们内心深处的共鸣，使人们得到情感上的满足和安慰。其次，音乐在文化传承和历史记录方面也发挥着重要作用。通过音乐，人们可以传承和弘扬民族文化，使传统文化得以延续和发展。同时，音乐也是记录历史的一种方式，它可以通过歌词、旋律等形式，反映出特定历史时期的社会风貌、人民生活和思想观念。此外，音乐还促进了文化交流和融合。在全球范围内，不同国家和地区的音乐相互传播、交流，使得人们能够欣赏到多样化的音乐风格和文化特色。这种文化交流不仅丰富了人们的审美体验，也促进了不同文化之间的相互理解和尊重。最后，音乐在教育和社会发展方面也具有积极的影响。音乐教育可以培养人们的审美能力和创造力，提高人们的综合素质。同时，音乐也是社会发展的重要推动力量，可以激发人们的创造力和创新精神，推动社会进步和发展。

一、培训课程设置的多样性

音乐作为一种跨越时代与文化的艺术形式，在人类生活中发挥着至关重要的作用。因此，一个多样化的音乐培训课程体系，不仅为学习者提供了一个广阔的音乐世界视野，更是为所有年龄和背景的人们提供了深度接触和理解音乐的机会。音乐，这一古老而现代的艺术形式，从古典音乐之悠扬到现代流行之动感，并不存在一条划断的分界线。课程内容的设计应当既尊重历史,透过历代大师的作品,让学习者感受到古典音乐的精粹。同时,课程也不断地融入当代音乐流派和潮流元素,让学习者能够紧跟时代的步伐,触摸到音乐进化的脉搏。

乐器是音乐的载体,不同乐器有其独特的魅力和表达方式。因而,培训内容涵盖各种乐器教学显得尤为重要。从钢琴、小提琴等古典乐器,到电吉他、贝斯等现代乐器,到各种民族乐器,如二胡、竖琴等,课程应当一以贯之地提供专业和系统的指导和训练。课程的多样性还贯穿于教学方法和学习模式的创新。传统音乐教育强调师生间的直接互动,现代则更多借助科技手段,如多媒体教学、在线课程等,进一步拓展了教育的边界,使学习变得更为灵活和个性化。这种教学方式的拓宽,不仅与时俱进地适应了不同学习者的需求,也使得音乐学习不再局限于某个特定的时间和空间。对于初学者,应注重基础的音乐理论和简单的乐器操作;对于有一定基础的学习者,应逐步引入进阶技巧和复杂的乐曲学习;至于专业或志在高远的音乐爱好者,更深层次的音乐创作、理论分析和表演技巧等方面的深入研究不可或缺。通过层次分明的课程设置,每个学习者都能在适合自己的阶段中找到成长和提升的空间。

二、师资力量的专业性

音乐类辅导培训的核心之一在于师资的专业性。专业性体现在教师的资历、经验以及对教学内容的精深理解上。选择邀请资深音乐教师及艺术家亲临授课,不仅是基于他们在音乐领域的专业知识和实际演出经验,更因为他们能够引导学习者深入地探索音乐艺术,亲身经历音乐带来的丰富情感和深层次的文化体验。优秀的音乐教师可以用他们的知识和技能来启发学生的音乐潜力,适应不同学生的学习风格和需求,通过多种教学方法,如示范教学、互动式学习和小组合作等,来激发学生的参与热情和创造力。这样的教学方式能够促进学生对音乐学习的深入理解并提高他们的实践能力。

同时,艺术家作为音乐领域的实践者参与教育能够为学习者提供现场的、真实的艺术创作场景。他们不仅可以传授实际演出的经验技巧,还能分享音乐行业的内部知识和艺术生活的真实感受，使学习者得以洞察音乐世界的多面性。更重要的是，艺术家的亲身教学常常能够带来鲜活的创作灵感和新颖的艺术视角，让学习者能更直接地理解音乐的创作过程，激发自己的艺术激情和创新思维。此外，专业师资力量的注入不仅提高了教学质量，也有助于构建良好的学习氛围。学习者通过与经验丰富的教师和艺术家的互动，可以更快地融入音乐社群，学会如何建立艺术网络，促进音乐理解与欣赏能力的全面发展。培训中邀请专业的音乐教师和艺术家，不仅是传递知识和技术的过程，更是一个全面提升学习者音乐素养、激发创意潜能并实现个人艺术成长的重要环节。通过这样深度的人才引入和资源共享，音乐类辅导培训能够在学习者的音乐之旅中起到事半功倍的效果，对其长远的艺术发展和人生观念产生积极而深远的影响。

三、学习环境的优化

学习环境的优化，对于任何教育过程来说都至关重要，它有助于提高学习效率，激发学习兴趣，并为学习者提供一个沉浸式的音乐体验。在音乐类辅导培训中，环境因素包括音乐教室的设计与布局、乐器的质量与种类，以及演出设施的专业性与适应性等多个维度，这些都被仔细考量与优化，以期营造最佳的学习与表演场所。良好的音乐教室不仅需要提供适宜的学习氛围，更要具备优良的音响效果，这能大大提升教学质量及学习体验。配备适当密封和隔音的教室能够确保音乐在空间内的准确传递，无论是练习乐器、个别指导还是小组合作，都能保障声音的清晰与真实。此外，空间适宜的教室能够为不同类型的乐队和合奏团体提供充分的空间进行排练，而不会因为空间限制而妨碍表现力和动作的自由度。

适宜的乐器配备同样基础，却又极为关键。优质的乐器不仅可以使音质更加纯正，也有利于学习者更快掌握演奏技巧。每种乐器都应该经过精心挑选和维护，以确保学习者能够在最好的状态下进行学习和练习。由于不同学习者对乐器的需求可能不同，提供多样化的乐器种类——从键盘乐器到弦乐器，从吹管乐器到打击乐器——也是满足学习者全面发展的基础。此外，用于展示和演出的设施，如舞台、音响系统以及灯光设备等，都必须达到专业水平，这不仅有助于学习者更好地展现其学习成果，同时也提供了模拟专业表演环境的机会，让学习者提前适应未来可能的表演场景。这种实践的机会对于建立学习者自信和舞台表现是至关重要的。

优化学习环境的最终目的，在于打造一个既能满足教学需求，又能激发学习者潜能的空间，一个让学习者愿意投入大量时间去实践和体验音乐的位置。通过这种环境策略的深入实施，不仅能够提升学习者的综合音乐素质，还有助于培养他们将音乐视为生活的一部分。一个经过精心设计与配备的音乐学习环境，能够成为学习者音乐旅程的坚实起点和持久伴侣。

四、教学方法的现代化

在音乐教育不断演进中，教学方法的现代化已成为提升教学效果的重要途径。当今，多媒体技术和广泛可达的网络资源被视为现代化音乐教学法的关键组成部分。这些技术和资源不仅丰富了传统的音乐学习方法，而且提供了与众不同的互动性和灵活性，对于促进学习者的独立学习和自我提升尤为有益。多媒体技术的应用于音乐教育，可以实现从动态视听资料的展示到音乐创作软件的使用，为音乐理念的传达和技能的习得开辟多元化的途径。例如，音乐制作软件不仅能够帮助学习者更好地理解音乐结构，还能激发他们的创作激情，实现自身音乐想法的可视化与实实在在的创作。学习者可以通过这些工具进行作曲、编曲乃至进行音乐制作，这在以往传统教育模式中是难以想象的。

同时，网络资源的利用极大地拓宽了学习者获取音乐知识和资讯的渠道。在线课程、音乐教学视频、模拟演奏平台等都为学习者提供了随时随地学习的可能。相较于传统教学，这种方式具有更高的灵活性和可及性，能让学习者根据自己的时间和进度自由安排学习，也使得在全球范围内优质的音乐教育资源得以共享。借助网络平台，学习者还能进入更为广泛的音乐交流社区，与其他音乐学习者或专业人士进行交流讨论。这不仅为学习者提供了反馈和意见，还有利于他们构建音乐网络，增进合作机会，并从同行中获得灵感。此外，通过网络演出和在线比赛等活动，学习者能将自己的作品呈现给更广阔的听众，这对于建立自信、接受评价和不断进步都是极有帮助的。因此，现代化的教学方法通过将多媒体技术和网络资源整合到音乐教学中，不仅极大地提高了教学的互动性和兴趣性，也为学习者带来了前所未有的学习体验和自主发展的空间。如此全面而创新的教学手段，正日益成为音乐教育未来发展的重要方向，它鼓励学习者跨越传统的学习边界，开启一段个性化且充满无限可能的音乐学习之旅。

五、演出机会的提供

在音乐类辅导培训中，学习者获得表现自我与展示所学成果的机会是一项重要的教育策略。通过安排定期的学员音乐会和社区音乐节，教学机构不仅认可了学习者的努力与成就，更为他们提供了一个与听众沟通和享受音乐带来的喜悦的平台。音乐会和音乐节不仅是学习者向家人、朋友和公众展示技艺和进步的场所，还是教育过程中一个关键的学习环节。在这样的活动中，学习者能在实践中检验自己的技能，体验真实表演情境中的紧张感和挑战，这些经历对于提升其舞台自信心和表演技巧至关重要。此外，真实的演出机会能激发学习者承受压力并适应各种现场情况的能力，为可能的未来艺术生涯奠定基础。

除了形式上的表演外，演出机会还具有将音乐与社区紧密结合的社会作用。社区音乐节等活动将音乐的欢愉带给本地居民，同时增强了社区的文化氛围和凝聚力。此类活动为学习者提供了与不同背景听众互动的机遇，鼓励他们透过音乐交流，理解多元价值观及文化表达。在这样的过程中，社区的支持为学习者的音乐旅程增添了更多正面的反馈和鼓励。将演出融入教学计划，还能促进更广阔的艺术合作和创新。在准备和参加音乐会或音乐节的过程中，学习者往往会与其他音乐家合作，进行创作和排练，这种跨学科和跨年龄层的合作提升了学习者的团队协作能力，同时也使他们在艺术创新上得到启发。通过这样的合作，学习者不只收获了音乐知识和表演经验，更发展了他们在未来任何领域都宝贵的合作与交流技能。因此，音乐类辅导培训中定期举办的演出机会不仅是展示技术的平台，更是学习者成长、社区建设及艺术创新的催化剂。演出成为音乐教育闭环的重要一环，为学习者提供一次次的登台经验，打开了通向音乐和人生更多可能性的大门。

舞蹈类辅导培训

中国舞蹈源远流长。它和古老的中华文明同生共存。中华五千多年的历史，每走一步，都留下舞蹈的足迹。中国的文明因舞蹈而多姿多彩、熠熠生辉，舞蹈又以它独特的文化彰显着中华民族的生命与活力。在舞蹈中看文化，在文化中观舞蹈，结合流传的历史故事和经典的舞蹈佳作，深入探析中国舞蹈与传统文化之间密切而又微妙的联系，从中我们既能获悉古代的乐舞风尚和舞人传奇，感知中国舞蹈的辉煌与美妙，又能领略华夏礼乐之邦的非凡风采和气象，感受传统文化的博大与精深。

一、舞蹈种类的广泛性

舞蹈作为一种多元且丰富的身体语言，不只是一门艺术，更是一种文化的映照。在舞蹈类辅导培训中，对舞蹈种类的广泛涵盖是深化教育内涵和提高教学质量的关键。从民族舞蹈的传统韵味到芭蕾舞的经典雅致，从现代舞的创新探索到街舞的活力四射，融合多种舞蹈风格不仅拓展了学习者的视野，而且增进了对不同舞蹈文化的理解和技巧的掌握。

民族舞蹈作为民族文化的重要组成部分，承载着丰富的历史和民俗信息。培训班的设置中包括民族舞蹈不仅是对文化遗产的尊重和传承，同时也使学习者能够借此了解多样化的舞蹈语境与表现手法，体会不同民族的舞蹈特色和内涵。芭蕾舞教学则是对舞蹈基础技能的系统训练，同时培养学习者对音乐和舞蹈美学的深刻感知。芭蕾舞的学习强调身体线条、对音乐的精准把控以及表演的情感表达，对于提升学习者的舞蹈素质和艺术修养有着不可替代的作用。现代舞则更加注重对身体语言和表现方式的开放式探索，鼓励学习者发挥创造力，推崇个性化的舞蹈表达。通过学习现代舞，学习者被赋予了更广阔的表现空间，能够在其中寻找到自我表达的方式，体验舞蹈与内心情感联结的过程。街舞作为一种更为流行的舞蹈形式，具有自由和易于接触的特性，成为吸引年轻人群的重要舞蹈类型。街舞教学的纳入，不仅满足了年轻学习者对时尚和流行的追求，而且促进了舞蹈技能与社会潮流的结合，反映了舞蹈教学的时代感和前瞻性。

通过提供多种舞蹈类型的教学，舞蹈类辅导培训不仅是技巧传授的过程，更是文化交流和艺术启蒙的平台。这样广泛的舞蹈种类教学有助于学习者全面发展舞蹈技能，培养跨文化交际能力，并且让他们在跳跃中感受人类共有的情感和情感的多样性。兼容并蓄的舞蹈教学内容为学习者构建了一个多元而开放的学习环境，旨在培养他们成为技术全面、视野开阔且具有创新能力的舞者。

二、培训模式的灵活性

舞蹈类辅导培训的实效性在很大程度上取决于培训模式的灵活性。模式的灵活性不仅关乎教学内容与方法的多样性，更涉及学习形式和环境的个性化调整，使得每一位学习者都能在最适宜的条件下进行舞蹈学习。这种个性化的教学设计体现在提供多样化的教学形式上，包括团体课、小班课以及个人指导等，从而确保不同需求和不同水平的学习者都能获得符合其发展阶段的教育资源和专注度。

团体课堂上，学习者能够感受到集体合作的氛围，学习如何在群体中协调动作与节奏，不仅锻炼了他们的舞蹈技巧，还培养了团队合作与协作交流的能力。团体课程的常设在于推动学习者之间的相互激励和合作，这种相互间的观察和模仿有助于快速提升技能，并增进集体归属感。小班课程则提供了更加精细化的教学安排，使得教师能够更为精准地把握每位学习者的进展，对技术和动作进行细致的指导。更小规模的班级设置保证了教师能够给予学习者更多的个别关注，助力学习者针对性地解决学习过程中遇到的难题，优化学习计划，确保学习质量。在个人指导模式下，教师则能够根据学习者个性化的需求和具体情况，制定定制化的学习计划和策略。一对一的指导授课中，从动作讲解到技术纠正，都能细致入微地进行，这对于那些需要特别关注或想要尽快达到更高艺术水平的学习者来说，是极为宝贵的资源。

通过这种灵活多变的培训模式，教育机构可以更好地适应和满足学习者的个性化需求，为他们提供一个全面发展的学习空间。无论是喜爱在集体中感受激情与能量的学习者，还是需要更集中注意力以精进技艺的学习者，抑或是要求专业化指导和反馈的舞者，灵活的培训模式都能够有效地支持他们的学习和成长。如此贴近实际需求之培训设施，无疑激发了学习者的潜力，并极可能推动他们达到更加卓越的艺术表达层次。

三、舞蹈教室的专业配置

在舞蹈类辅导培训中，专业配置的舞蹈教室是支持学习者得到高质量训练与教学的基石。舞蹈教室的专业配置需考虑到多方面因素，其中包括镜面的大小与位置、地板的材质与弹性，以及音响设备的品质与分布，这些都对提升教学效果和确保学习者安全具有决定性作用。

镜面在舞蹈练习室中起到至关重要的作用，它不仅可以帮助舞蹈学习者在练习过程中及时纠正姿势，还可以增加空间的感觉，从而更好地理解和掌握动作。合适的镜面需要覆盖练习室的主要区域，使得从任何角度开始的动作都能清晰可见，帮助学习者提升对身体线条和空间感的控制。而专业舞蹈地板，其设计旨在缓解因为地面硬度和滑动度不适所带来的损伤风险。高品质的舞蹈地板应有良好的弹性，能够吸收跳跃时产生的冲击力，保护学习者的关节和肌肉。同时，地板表面应具备一定的阻力，防止舞蹈者在快速移动或旋转时滑倒，确保训练的安全性。此外，音响设备对于舞蹈训练同样不可或缺。它不仅要能够提供清晰、平滑的音质，确保音乐的每个细微节拍都能被精确把握，还需要有足够的音量覆盖整个教室，以便无论在教室的任何位置，音乐都能作为舞蹈节奏的准确引导。优秀的音响设备可以极大地提升舞蹈练习的体验，使学习者能够完全沉浸在音乐与舞蹈的协调之中。

专业配置的舞蹈教室所带来的益处不限于提高舞蹈技能，更在于它能够营造一个积极的学习环境，激励学习者以更高的标准自我要求，追求卓越。通过这样的环境投入，舞蹈类辅导培训有效地支持了学习者在专业领域不断成长和突破，同时也为他们提供了一个安全、舒适的练习空间，这对提升舞蹈水平和培养长期学习热情都至关重要。

四、舞蹈表演与比赛的融入

在舞蹈类辅导培训的综合教育策略中，舞蹈表演与比赛的融入占据了不可忽视的重要位置。这一策略旨在通过实践来巩固教学成果，提升学员的舞台经验，同时也为他们提供展现自身才华的机遇。参与各类舞蹈比赛与公共展演活动不仅能让学员感受到成就感和认同感，更是激励他们不断追求舞蹈艺术精进的重要推动力。

舞蹈表演为学员提供了将在课堂上学习的技艺转化为现实表现的舞台。在这样的场合下，学员得以实际操作教师所传授的技术，学习如何控制情绪、调整呼吸，以及如何与观众进行非语言沟通。此外，表演的过程中，学员也能更好地了解到在真实演出中所面临的挑战，如舞台布局、灯光效果，甚至是意外的失误处理等。这些实践经验对于舞蹈学员的技能发展和心理素质的提升均起着至关重要的作用。

参与比赛则是考验学员综合能力的试金石。比赛中，学员需要展现出高于日常练习的技术水平和艺术感染力，这对于舞蹈者的自我挑战和自我超越具有重要意义。经过层层选拔的竞赛，能够帮助学员建立起面对高压情境的应对策略，培养胆量和毅力。同样重要的是，参赛过程中与其他舞者的交流和观摩，能够让学员获得新的灵感和学习他人之长的机会，促进舞蹈技艺的交流与提升。

通过组织或鼓励学员参与各种规模和层次的舞蹈表演与比赛，培训机构能够不断拓展学员的视野，让他们在舞蹈道路上不断遇见新的挑战与机遇。这种经验的积累对于学员塑造健全的艺术人格、增强专业技能，以及未来可能的舞蹈生涯规划都显得至关重要。综合而言，表演与比赛的融入不仅是技术修炼的延续，更是一种全面培育舞蹈学员的方式，它激励学员持续向前，力求在舞蹈艺术的道路上达到新的高度。

五、舞蹈教育的文化内涵

舞蹈教育在教授技巧的同时，对学员进行文化内涵的培训同样不可或缺。教育的这一维度关注舞蹈背后丰富的文化背景和艺术价值，着力提升学员的艺术修养，及其对舞蹈艺术的深度理解。通过对舞蹈历史、风格演变以及不同舞蹈流派背后的社会与文化意义的学习，学员不仅能够在技术上达到精准的表达，更能在艺术层面展现出深度与内涵。

舞蹈的文化背景教育涉及对相关历史、符号与传统的认知，这有利于学员构建起对舞蹈作品的全局理解。例如，学习民族舞蹈时，深入探讨该舞蹈的起源、发展历程以及与特定民族的生活习俗和宗教信仰之间的联系，能够启发学员更加真切地感受到舞蹈的生命力。同理，当涉及古典芭蕾舞时，对于其时代背景、服饰风格以及舞剧中角色和情节的解析，都是丰富舞蹈诠释深度的重要内容。此外，强调文化内涵的舞蹈教育也鼓励学员探索当前舞蹈现象及其与现代社会变迁的联系。通过研究现代舞蹈如何反映社会议题、传递个人情感，以及如何在全球化背景下融合多样化文化元素，学员可以理解舞蹈作为一种动态且生动的社会镜像，以及艺术个体表达自我的手段。

将文化内涵教育融入舞蹈教学，为学员提供一个全面发展的平台，给予他们认识和鉴赏不同文化艺术的机会。这种教学方法将舞蹈技艺提升与精神层面的培养相结合，使学员能够更深入地理解舞蹈的艺术魅力，并培养他们作为舞者和观众的批判思维与审美判断力。从根本上说，舞蹈教育的文化内涵关乎学员对艺术的认同感和归属感，是他们在舞蹈艺术探索道路上重要的精神支撑和灵魂寄托。

美术类辅导培训

文化馆的创建目的是让广大群众在享受休闲娱乐的业余生活之外，还有一处开展文化交流活动的学习场所。立足于服务大众、辅导大众、提升大众的宗旨，文化馆尽可能地根据群众文化需要提供文化辅导相关内容，以书籍、影像视频资料以及物品展览等方式开展文化宣传与教育，扩展群众见闻，提高思想品质。从广泛意义而言，加强群众文化建设，丰富群众文化内涵，对于国家实现文化自信、传承历史传统文化也具有深刻意义。文化馆的创建为群众了解历史、关心人文、关注国家发展的大事小情，以及树立正确的价值观，具有现实的教育意义，有利于促进社会的和谐稳定发展。因此，文化馆对于群众的教育辅导，丰富业余生活，具有积极的示范作用。

一、素描、色彩、设计基础

美术教育的根基扎根于基本技能和理论的学习，它们构成了艺术创作的基础和出发点。在美术类辅导培训的培养体系中，素描、色彩和设计的基础教学占据了核心地位，因为这些技能是构筑学生美术素质和审美认知的基石。通过对这些基础技能的重视与深入学习，学员能够获得表达创意和艺术思想的必备工具。素描是美术教育的关键组成部分，它不仅是一种技巧上的训练，更是一种观察和理解世界的方式。通过素描，学员学习如何捕捉对象的形态、结构和光影变化，这训练了他们的视觉洞察力和对细节的精准刻画能力。素描教学强调从基本的线条练习到较复杂的质感和空间关系表达，逐步提高学员的表现能力和艺术表达的准确性。

　　色彩理论与实践的教学，是培养学员感知和使用色彩的基本功。色彩不仅给予作品生命，还能够表达情感和传达信息。在色彩学习中，学员将研究色彩的三属性、色彩的搭配和对比以及色彩在不同文化和艺术风格中的应用。通过这些理论与实践的结合，学员能够更加自如地掌握色彩的应用，从而在创作中有效地运用色彩以增强视觉影响力。设计基础教学则集中于培养学员的创新思维和解决问题的能力。设计并不仅仅是形态上的创造，它涉及功能性、美学价值和用户体验等多个方面。在这一环节中，学员将学习设计的基本原则、构图法则以及视觉传达的策略，这些都是支持学员在日后无论是继续美术学习或是进入专业设计领域必备的基本知识和技能。

　　注重素描、色彩和设计基础的美术教育是学员艺术学习之路的必经之路。只有牢固地掌握这些基本技能和理论，学员才能在美术的广阔天地中自由翱翔，不断探索自我表达的无限可能性，并最终成长为具备扎实基础和丰富内涵的艺术家。这样的美术类辅导培训，对于激发学员的创造潜力和培养他们的艺术眼光，将发挥着不可替代的作用。

二、传统艺术与现代艺术并重

　　美术教育的深度与广度在于其对传统艺术和现代艺术的包容与并重。在美术类辅导培训中，同等重视教授国画、油画等传统技法，以及开设现代艺术创作工作坊，是为了培养学员全面的艺术视野和综合的创作能力。这种教育方法不仅让学员尊重和继承艺术传统，也激励他们探索和实践艺术的创新。国画和油画作为代表东西方艺术的传统技法，各自承载着丰富的艺术理念与历史文化。国画注重意境的传达和笔墨的运用，追求自然与人文的和谐统一；油画则以其独特的色彩饱和度和层次感，表现出深远的空间感和光影效果。通过系统学习这些传统技法，学员能够掌握从线条勾勒到色彩渲染的基本功，逐步建立起对形式美感和艺术表现技巧的理解。

　　同时，现代艺术创作工作坊的设置是对学员创造力的重要挑战和激励。工作坊提供了一个自由实验的空间，鼓励学员跨越传统界限，运用各种材料和媒介来表达个人的艺术理念。在这样的环境中，学员可以尝试抽象、超现实主义、概念艺术等多种现代艺术形式，探索新的艺术语言和创作方法。此外，传统艺术与现代艺术的教学并重也意味着教育内容的丰富性和战略性。它强化了学员在艺术认识论和实践之间的衔接，使他们更好地理解艺术的多元发展路径，并能在传统与现代之间建立起自己的艺术桥梁。这样的培训不仅增加了学员的艺术知识储备，也加深了他们对艺术发展脉络的把握。美术类辅导培训中传统艺术与现代艺术并重教学，在尊重并弘扬艺术传统的同时，也为学员打开了走向现代艺术创新的大门。通过对这两者的学习和实践，学员不但能够掌握丰富的艺术技巧，更能够培养起批判性思维和创新精神。

三、创意思维的培养

创意思维的培养在美术类辅导培训中占据了至关重要的地位。它不仅与技术技能并重，更是推动艺术创作向前发展的核心动力。培养创意思维的教学目标着眼于激发学员的内在潜能，引导他们挖掘独特的个人风格，以及鼓励他们通过不断的实验和创新来探索艺术表达的无限可能性。为了助力学员发展个人风格，教育方案设计了一系列定制化的练习和活动，旨在激活学员的想象力，教会他们如何从个人经历、情感和观察中汲取灵感。通过指导学员深入分析从经典到当代的艺术作品，教育机构促进了学员对不同艺术家风格的理解和欣赏，并鼓励他们在此基础上建立自己独特的艺术语言。此外，鼓励创新和实验性作品的创作是培养创意思维的关键做法。美术教育不应局限于传授已知技术和风格，而应该提供一个自由探索的环境。课程鼓励学员跳出传统框架，利用新材料、新技术和跨学科的方法来扩展他们的创作视野。在实验性作品的创作过程中，学员有机会打破常规，将独到的想法和创见转化为具体的视觉作品。

在这样的教育背景下，学员被鼓励不害怕失败，将每一次实验都视为学习和成长的机会。通过实践中的尝试与错误，学员能够学习如何管理风险，勇于面对不确定性，这本身就是一个宝贵的创意过程与艺术探索的实践。同时，教师在此过程中提供的反馈和引导，对于帮助学员批判性地思考自己的作品，清晰地传达创作意图至关重要。综合来看，创意思维的培养不仅是提高学员美术技能水平的补充，更是一种教学哲学，它强调个性的重要性和创新的价值。通过这一理念的实践，美术教育培养出来的学员不只是技术熟练的艺术实践者，还是独立思考、勇于实验的创新者，他们将在未来的艺术创作中以独特的个人风格和创新思维。

四、展览和评论的实践

在美术类辅导培训的课程设计中，作品展览和评论的实践环节扮演了至关重要的角色。这一环节的核心目的在于通过公开的作品展示和专业的评判过程，鼓励学员将个人创作与外部世界相连接，从而促进其艺术能力的提升和个人风格的形成。通过组织定期的作品展览，学员不仅能够展现自己的创作成果，更能获得来自导师和同行的宝贵反馈，这为他们未来学术和艺术道路上的成长提供了重要的辅助。展览的过程中，学员们将面临如何将自己的作品以最合适的方式呈现给公众的挑战。这不仅是一次展示技能的机会，更是一次完整艺术传达和视觉沟通的实践。为了使作品展现出最佳效果，学员需学习布展的技巧，包括作品的挑选、排列顺序、展示方式及与空间的互动等。这些实用的技能将在他们日后参与更多展览活动时持续发挥作用。

而评论环节的加入，则提供了一个批判性思考和学术讨论的平台。通过导师和同行的评述，学员不仅获得了对自己作品的客观反馈，而且在此过程中学习到如何以更加开放的心态接纳外界的意见和建议。结合专业的评论，学员得以认清自身创作的优缺点，并在此基础上进行深层次的自我反思和创作调整。此外，展览和评论的实践也是一个学术交流的绝佳机会。学员之间的相互学习和启发，以及与导师和来宾的深入对话，都有助于激发新的灵感，扩展创作的视野。在交流中，不同的创作理念和技巧相互碰撞，孕育出更多创新的可能性，同时给予学员构建艺术社交网络的机会。

作品展览和评论实践的引入，使得美术类辅导培训不再局限于课堂内的理论与技术学习，而是将学员的学习延伸至实际应用和社会互动的层面。这样的教学方法不仅实现了教育内容的实践性和社会性，也增加了学员在真实世界中展现自我和成长的机会。

五、艺术家驻地计划

美术教育的一大创新做法是实施艺术家驻地计划。该计划通过将艺术家邀请至教学现场，无论是校园还是社区，都为学员提供了与专业艺术家面对面交流和协作的独特机会。这种直接的互动和合作不仅丰富了教育的内容，更直观地展示了艺术创作的实践过程，为学员提供了生动的艺术学习体验和释放创造力的空间。艺术家驻地计划的实施，意在打破传统教室教学的边界，让学员近距离观察艺术家的思考和创作方式，激发学员的艺术兴趣和创作灵感。在与艺术家的交流中，学员能够直接问询艺术家的创作哲学、技术选择及其艺术生涯的经验，这些珍贵的第一手资料，对于他们塑造自己的艺术视角和认知是极其有益的。

此外，共同创作的机会让学员能够实际参与艺术作品的制作过程，获得与实践操作相关的直接经验。在创作过程中，艺术家的引导和示范对于学员理解艺术概念、掌握艺术技巧以及发展个人风格都极为关键。学员不仅可以观察艺术家是如何从构思到完成一个作品的，还可学习如何处理艺术创作中遇到的问题，并就具体作品进行讨论和评价。驻地艺术家同样能够利用这个机会进行实验和创新，因为与学员的合作往往能够带来新的视角，给艺术家的工作带来新的活力。这种互动为艺术创作提供了新的思考空间，潜在地促进了艺术的交流与发展，同时也增强了艺术教育的实践性和社会性。通过这一计划的实施，学员不仅在艺术技能和理论知识上得到了提升，更在艺术创作的态度和精神上得到了指导和启发。这种直接与艺术家工作和创作的机会，对于学员来说是一次无价的学习经历，有助于他们在艺术道路上实现自我超越和发展。

其他群众文化辅导培训活动

　　文化活动的场地选择是关键。在文化活动开展之初，就要对场地进行选择和固定，只有将文化活动的场地选择好了，才能更好地将文化活动长期的开展下去。虽然文化馆对群众已经开放了许多的文化活动场地，并且是免费进行开放，但是仍旧没办法满足群众的文化需求，群众在进行文化活动排练的时候场地得不到相应的保障，就会有"流离失所"之感，导致文化活动最终解散。为了解决这一问题，文化馆等与群众文化活动相关的机构进行了优化改革，本着对团队负责的态度，从群众实际的需求出发，对需要场地和资源的组织和团队提供帮助。在场地帮助的同时，寻找符合群众文化活动的舒适场地，并且在群众的生活区附近建设文化活动场地，方便群众的需求。

一、戏剧表演和导演培训

　　在其他群众文化辅导培训活动的脉络中，戏剧表演与导演培训占据了不容忽视的一席之地。该培训内容涉猎广泛，旨在全面提升戏剧爱好者和未来戏剧从业者的专业技能和艺术修养。细分来看，表演技巧的磨炼、剧本创作的艺术和舞台设计的要领等方面，每一项都是戏剧艺术中不可或缺的组成部分。表演技巧作为戏剧表演者的核心竞争力，其培训内容不仅包括基础的身体训练、声音运用和情感表达，更拓展到角色建构和表演风格的探索。这是一个将理论与实践相结合，通过不断演练来提升自身艺术表现力的过程。在专业导师的指导下，学员将学习如何将自己置于角色之中，如何精准捕捉角色的心理状态和行为特点，并在舞台上将其演绎得淋漓尽致。

剧本创作则关乎戏剧的灵魂。一个好的剧本不仅要有吸引人的情节，还要有深刻的主题和鲜明的人物形象。培训中，学员们将学习剧本结构的布局、对话的编写技巧，以及如何将戏剧性的冲突和张力融入故事。通过讲座、研讨和实际创作的环节，学员将掌握将原始构想转变为具有表演可行性剧本的能力。而舞台设计的教学，则囊括了舞台美术的基本知识和实际应用技能。这项培训强调舞台空间的合理利用，灯光和音效的营造技巧，以及不同的舞台装置和道具的设计与运用。通过学习如何根据剧本内容和导演构想来设计舞台，学员们获得了将一个戏剧视觉化的必备技艺。舞台设计不仅关乎美学，还关乎与观众的沟通，因而这一培训对于学员的创意展示和故事叙述有着重要影响。

戏剧表演和导演培训的综合性质让学员在掌握单一技能的同时，也能对戏剧艺术有一个全面的认识和尊重。这样的跨学科教育方式，不仅深化了学员对戏剧复杂性和多维度的理解，也鼓励他们在个人艺术追求中寻找创新的途径。整体来看，这种培训模式对于职业戏剧人才的培养至关重要，它激发和塑造了能够自如在戏剧各个环节中切换并展现出色的多面手，对推动现代戏剧的繁荣发展具有积极作用。

二、传统手工艺和民间艺术工坊

传统手工艺和民间艺术工坊的设置对于保存和传承文化遗产、促进文化多样性具有重要的意义。工坊通过提供如陶艺、木工、编织等多样的手工艺课程，不仅赋予了群众以创造性的表达方式，更是向参与者敞开了一扇认识并体验传统文化的窗口。陶艺作为一种古老的手工艺，不仅是技巧性的操作，更是一种艺术性与实用性相结合的文化表现形式。在陶艺工坊中，学员学习泥土的选择与处理、成型技术、装饰方法以及烧制技巧等从泥土到成品的全部过程。通过亲手制作陶器，学员不仅能体验到制作工艺的乐趣，更能深刻感受到陶艺作为一种文化传承的重要价值。木工工坊则是力与美的完美结合。在这里，传统的木工技艺被细致地传授，学员将了解到各种木材的性质及其在工艺中的应用。课程内容包括设计、切割、打磨、拼接等环节，鼓励学员通过实践操作熟练掌握各项技能。从简单的家具制作到复杂的雕塑创作，木工工坊不仅锻炼了学员的手工技能，也培养了他们对木材材质与结构的审美判断。

编织作为手工艺训练的一种，让线条和色彩在手中编织成形。学员在编织工坊可以学习到从基础的编织方法到高级的图案设计技巧。在编织的过程中，不断尝试与创新，学员们能够将纺织物转变为具有个性化的艺术品。编织不仅是一项技艺，也是一种传递情感和文化的方式。通过编织，学员可以更好地理解线条和色彩在构成美学形态中的作用，同时体验到手工创作的独特乐趣。

总之，传统手工艺和民间艺术工坊的教学内容与实践活动，是群众文化辅导中极具价值的部分。它们不但帮助个体发掘和培养自己的手工艺技能，更意在将这些丰富的文化遗产传递给下一代，让传统手工艺在现代社会中继续生根发芽，受到更多人的赏识和喜爱。通过这些工坊活动，人们对文化的认同感得到增强，社区的文化生活也因此而更加充实和多彩。

三、数字媒体与影视制作课程

在现代社会中，数字媒体与影视制作技术的快速发展已经深刻改变了人们的生活方式与沟通方式。因此，数字媒体与影视制作课程应运而生，成为一项关键的培训内容。此类课程着眼于增强学员在摄影、视频编辑以及动画制作等领域的数字技术能力，旨在培育能够跟上时代步伐，具备多媒体制作与创意表达能力的人才。

摄影作为捕捉和记录现实的一种艺术形式，不断被新的数字技术所革新。在培训课程中，学员将学习关于摄影的各项基础知识，包括光圈、快门速度、ISO等摄影参数的控制，以及构图、曝光和色彩管理等艺术概念。此外，课程还会深入教授后期处理技术，如图像编辑和修饰，使学员能够将拍摄的原始图像提炼成精致的视觉作品。

视频编辑能力在数字媒体时代尤为重要，好的编辑不仅能够讲述一个故事，还能引发观众的情感共鸣。课程中,学员将被教授如何使用专业的视频编辑软件,如何进行剪辑、调色、音效添加和特效制作。重点在于培养学员的创意思维和叙事技巧,使他们能够将一段段拍摄素材转变为流畅连贯、观感出色的影片。

动画制作则是将创意无限膨胀的一个领域。从二维动画到三维动画,从字符动画到全景作品,这一领域内的技术不断演进,为个体和集体的表达提供了广阔的天地。在课程中,学员不仅需要学习动画设计的基本软件操作和动画原理,还要理解动画叙事的艺术和技术要点。通过对动态图像的创作,学员可以将想象力和艺术感性充分地展现出来。

综合来看,这些课程不仅为学员提供了技术培训,更是打开了他们探索数字世界的大门。在这些培训活动的指导下,学员得以构建起自己在数字艺术领域中的专业知识和技术能力。随着对这些技能的掌握和经验的积累,他们将有能力在日益多元化的媒体环境中找到自己的位置,为社会创造出更多饱含创意和技术结晶的数字作品。

四、文学创作研讨班

在当下多元化的文化艺术培训中,文学创作研讨班占据了特殊的位置。它以其独有的吸引力,汇聚了对诗歌、小说、戏剧文本等文学门类有浓厚兴趣和创作欲望的学员。这类研讨班不仅提供专业的写作技巧培训,还打造了一个思维碰撞和创意交流的平台,促使参与者在文学探索的道路上相互激励,共同成长。

诗歌写作培训侧重于挖掘语言的节奏感和意象的力量,教授学员如何洞察生活,把握细腻的感受,并将其以诗歌的形式表达出来。培训会涵盖诗歌创作的各个层面,从押韵、节奏、到造型和空间布局,都旨在使学员能够更好地掌握诗歌的创作技巧,并发展出自我独特的诗歌风格。

小说写作培训则是通过引导学员构建复杂的情节架构和塑造鲜活的人物形象,来提高其叙事技巧和文学思维能力。通过不断的写作练习和作品研讨,学员学习了如何将生活体验与幻想结合,如何在小说中创造性张力并带给读者深刻的阅读体验。

戏剧文本写作培训则专注于剧本结构的构建与戏剧冲突的营造。考虑到戏剧文本具有舞台表演的属性，学员需要学会如何在有限的舞台空间内通过对话和动作展开故事，并把握好语言的节奏和角色的心理发展。研讨班中的互动环节，如集体讨论和现场创作，都将有效提高学员对戏剧艺术深层次理解的能力。

整个文学创作研讨班的设计旨在培养学员的文学素养，激发其创作潜能，并提供一个体现作品创意的平台。通过这一系列的培训内容和讨论机制，学员在掌握文学技巧的同时，还将积极参与更广泛的文学创作与批评活动，提升个人在文学领域的综合能力。这不仅对学员个人的文学修养有所裨益，更对整个文化社区的文学氛围与质量的提升有着积极的推动作用。

五、社群文化研究与管理培训

社群文化研究与管理培训的重点在于为文化活动的组织者和管理者提供专业的策划、管理和推广技能的教育。这样的课程设计旨在提升文化工作者的职业能力，优化文化活动的质量与影响力，促进文化事业的健康发展。培训内容首先围绕文化项目的策划展开。参与者学习如何确定文化活动的主题，设计活动内容，以及策略性地拟定活动流程。课程将强调创意思维的培养和项目规划能力的提升，确保文化项目既具有吸引力，也能够准确地传达出既定的文化价值和信息。

管理能力的增强是社群文化研究与管理培训的又一核心课题。有效的管理策略直接关系到文化活动的组织效率和资源利用率。学员在这一环节中将获得关于团队协作、时间管理、预算控制和资源协调等实际操作的知识和技巧。借助这些管理工具，文化活动组织者能够顺利地推进各项活动的实施，并确保活动达到预期目标。同时，培训也着重介绍文化活动的推广知识，包括利用新媒体和传统媒体进行宣传的策略，以及如何有效地与目标受众沟通和互动。在数字化时代背景下，社群文化推广尤为重要，其目的不仅在于吸引观众参与，更在于建立起文化项目与公众之间的持久链接，形成品牌效应。

　　有针对性地培训还会提供案例研究和实战演练的机会，让学员能够将理论知识应用于实际情景之中，通过分析成功案例或解决实际遇到的问题来深化学习成果。这种实操经验的积累，对于提升学员解决复杂问题的能力和应对各种挑战的灵活性是极有帮助的。社群文化研究与管理培训以其针对性强、实用性高的教育内容，对于那些致力于在文化领域发展的专业人士具有显著的指导和帮助作用。这一系列的培训不仅为文化活动的组织者和管理者提供了扎实的知识基础，而且培养了他们与时俱进的策划和管理能力，为促进地方文化繁荣和群众文化生活的丰富多彩作出了积极贡献。

第八章

文化惠民活动

　　中央通过大力推进文化惠民工程，加快构建覆盖城乡的公共文化服务体系，满足人民群众不断增长的精神文化需求，对做好文化服务工作提出了新的更高要求。要让"文化惠民"真正促进和改善民生，满足人民群众更高层次民生需求，我们也需要从更高层次建设文化惠民工程。

全民阅读活动

书，在我们人类世界起着很重要的作用，也有着很高的地位。莎士比亚说："书是营养品，生活里没有书籍，就好像生活了没有阳光。"皮罗果夫说："书是社会，它能陶冶人的感情与气质。"而我说，书是路标，指引我们走向智慧和思想的城堡。虽说开卷有益，但读书不能盲目。在有限的时间里，我们必须有选择的读书，把有限的时间放在好的、适合的书籍上。在选书上，不看庸俗无聊之书，不求高深专业，但要切求实用。读书不要过于专一，要追求广博。读书如同交友，只是待在一个小圈子里，容易自我封闭，自我限制，所以要广交朋友，经史子集，古今中外，各种书籍都要尽可能涉足。

一、读书促进计划

阅读活动是文化传承和知识普及的重要途径，通过读书促进计划的实施，为不同年龄层次的群体定制了一系列旨在提升阅读兴趣和文化素养的活动。该计划深入洞察每个年龄段群体的特定需求，精心策划相应的推广活动，并在实践中不断优化，力求最大程度地促进阅读的普及化和生活化。

针对儿童群体，计划中的儿童读物故事时间特别设置，着眼于激发孩子们的阅读兴趣与想象力。这一活动将故事内容与富有趣味性的互动结合起来，陪伴孩子们度过充满欢笑和惊喜的阅读时光。在这样的环境下，不光是故事本身能够吸引孩子们的注意力，故事背后的文化价值和道德寓意也能够在轻松愉快的氛围中传递给他们，促进儿童良好阅读习惯和思维能力的培养。青少年读书会的设计则更注重思想的交流与育人功能。通过读书会，青少年有机会深入探讨文学作品，挖掘其中的深层含义，并与同龄人展开丰富的对话。这种交流不仅能够拓宽他们的视野，也有助于培养批判性思维和个人表达的能力。在这个阶段，参与者能够通过共读和讨论形成自己对世界的独特见解，增强文化认同感。文学研讨活动则采取更加深入的讨论形式，涉猎广泛的文学领域。此类活动旨在满足成年人对知识和文化探索的渴望。活动不仅提供了一个能够自由发表意见和理念的平台，同时也是一个学习和成长的舞台，参与者可以在此遇见志同道合的朋友，共同分享对文学作品的诠释和欣赏。通过这样的深度研讨，成年人的阅读不再仅仅停留在知识获取的层面，更是思想交锋和文化沉淀的过程。

整个读书促进计划以丰富多彩的活动形式为框架，通过具体的执行策略与持续的评估和调整，保证了活动能够真正触及不同年龄群体的内心，引导公众建立并维持积极的阅读习惯。普及阅读不仅有助于提升个人的素质和能力，也是提高整个社会文化水平和促进文明进步的基石。因此，读书促进计划在当代社会发挥着不可替代的作用，同时也映射出文化发展的现代趋势。

二、数字阅读资源

随着信息技术的飞速进步，数字阅读资源已成为当代公众获取知识和信息的重要渠道。数字图书馆和在线阅读平台的兴起，不仅为阅读者提供了前所未有的便捷性，而且极大地丰富了可供选择的阅读材料。数字图书馆作为一种现代化的图书馆形式，以其数字化的文献存储和网络化的信息服务，突破了时间和空间的限制，读者可以随时随地访问到大量的图书、期刊及其他类型的学术资源。数字图书馆的特点在于它的集成性和多样性，不仅包含各种电子书籍和期刊，还包括视频资料以及互动资源等。为了适应不同读者群体的需求，数字图书馆提供了个性化搜索和推荐系统，使得读者能够便捷地发现和获取感兴趣的内容。

在线阅读平台则以其极具吸引力的用户体验，重新定义了数字时代的阅读方式。这些平台通常有着海量的电子书库和高效的搜索引擎，使得用户能够以极大的自由度来选择阅读内容。除此之外，许多在线阅读平台还提供社交功能，允许用户发表书评、参与讨论、分享阅读进度等，这不仅增进了读者间的互动交流，也促进了阅读社区的形成。值得注意的是，为了保护版权，这些平台通常会与出版商密切合作，确保所有分发的内容都符合相关法律法规。在数字图书馆与在线阅读平台背后，是一整套高效的技术支持和运营策略。数据库的管理、防火墙的安全性、服务器的稳定性、界面的易用性等方面都是构建成功数字阅读平台不可或缺的组成部分。通过采用最新的数据挖掘技术分析阅读者的行为模式和阅读偏好，这些平台能够提供个性化的阅读建议，进一步增强用户的阅读体验。

随着数字阅读资源的持续扩展和优化，公众的阅读习惯和阅读形式都在经历深刻的变革。数字图书馆和在线阅读平台为公众的阅读生活带来了极大的便利性和丰富性，也为未来阅读文化的推广提供了无限的可能性。通过接触更广泛的数字阅读资源，公众能够更容易地获得知识、拓展视野，在数字时代背景下实现个人成长和文化普及。

三、作家讲座和签售会

作家讲座和签售会作为传统的读书活动形式，一直以来都是文学爱好者深受欢迎的活动。这些活动为作家和读者搭建了一个直接交流的平台，使得文学作品的理解和欣赏能够达到一个全新的深度。在细化作家讲座和签售会的组织计划时，精心的选题和主题策划至关重要。选题需要结合作家的作品特色和当前的文化热点，充分考虑到作品的文学价值及其在社会文化背景下的意义。通过精心策划，讲座和签售会能够更好地引发公众兴趣，吸引更广泛的读者群体。

作家讲座通常安排在图书馆、文化中心等公共场合，作家会围绕一个中心主题进行深入讲解。这不仅包括作品创作背后的灵感来源，还有作家个人的写作经历、文学理念以及对于特定社会问题的见解等多个维度。面对面的交流让读者有机会更生动地感受作家的思想，同时也激发读者提出问题，参与到讨论之中。签售会则更加注重作家与读者之间的个性化互动。在此环节中，读者不仅能够获取作家亲笔签名的书籍，更重要的是有机会与作家进行直接对话。这种亲密的交流对于读者深入领会作品内容，理解作家的创作动机和文学表达手法，都具有不可估量的价值。讲座和签售会之后，常常伴随有相关的书评征集、文学奖项评选等活动，进一步增加读书活动的影响力和覆盖面。

整体而言，作家讲座和签售会不只是为了作品本身的推广，在整个文化推广和文学教育领域都扮演着重要角色。它们为文学爱好者提供了一个与思想交锋、共享感悟的平台，对于促进文学作品的更深入理解和欣赏，发挥了至关重要的作用。通过这些活动，作家的想法和读者的反思相互碰撞与融合，共同构建了一个生动活泼的文学交流空间，强化了文学作品在社会文化中的传播力和影响力。

四、创意阅读环境

阅读环境的优化是激发和培育公众阅读习惯的重要策略之一。创意阅读环境是通过提供视觉上及心理上的舒适感，吸引更多人投入到阅读之中。为此，设计与实施符合人们心理和生理需求的阅读环境成为读书活动不可忽视的部分。具体来说，创意阅读环境的设计关注对传统阅读空间的改造与创新。图书角的设置是其中的一个典型例子，它可以是学校、书店、咖啡馆甚至是家庭空间中的一个温馨角落，配备舒适的座椅和良好的照明，围绕特定的主题或风格提供精选的书目。图书角的存在不仅为人们提供了方便快捷的阅读资源，更是一种生活方式的体现，能够激发人们在日常生活中读书的欲望和行动。

在户外空间，如市政公园、社区花园等，则可以构建阅读公园。阅读公园结合自然环境的宁静与和谐，布置有专门的阅读区域，如放松的长椅、宁静的亭台或者环保材料制成的书架，兼具美学与功能性。阅读公园不仅鼓励市民在享受自然美景的同时沉浸于书本，亦为公众提供一处可以集中精神、交流思想的开放空间。除了实体空间的布置，此部分还着重论述如何利用现代技术手段，例如移动应用、增强现实等创新技术，来提升阅读环境的互动性和趣味性。例如，一个集成了增强现实技术的阅读应用，可以使读者在阅读经典文学作品时，通过手机或平板电脑看到诸如历史场景重现、角色动画等增强内容，从而使阅读体验更加生动和吸引人。

在评估创意阅读环境的效果时，重视对于读者反馈的收集与分析至关重要。阅读环境的设计须适应不同年龄、职业、阅读习惯的人群，因此，需在多样化和个性化之间找到平衡点。创意阅读环境的规划和实施应考虑长远的可持续性与发展性，确保它们能够随着社会的变化而相应调整，持续鼓励和支持公众的阅读活动。通过精心设计的创意阅读环境，能够为公众提供独特而舒适的阅读体验，进而激发和维持他们的阅读习惯。无论是在室内的安静角落阅读，还是在户外的自然景观中翻阅书页，创意阅读环境都有其独特的魅力，提升了阅读作为一种生活艺术的价值，同时也为推广阅读文化发挥了重要的作用。

广场文化活动

广场文化，顾名思义，就是在广场这样一个空间运行与存在的文化。所以，广场是广场文化发展的基本载体，也是广场文化存在的物质基础。作为城市人民的公共大客厅，广场无疑是一个庞大的、开放的、充满动感的空间，它对外可迎八方宾客，展示自己城市的独特魅力，对内可供居民愉悦观赏尽情享用，是城市文明交流的巨大平台。广场文化反映城市的地方性，展示城市的独特性，显示城市的文化性。可见，城市广场的修建，除了美化环境、招商引资、发展经济的目的外，一个重要功能就是为广大市民提供足够的娱乐休闲空间。

所谓广场文化，主要指在广场举行的以满足广大群众精神文化生活需要为目的的文化艺术活动。广场和文化应该是互为一体，广场是文化的载体，文化是广场的内涵，广场给文化提供了舞台和空间，文化给广场提升了人气和品位。广场文化的主要载体是各种含有文化与审美意味的艺术性活动，广场为群众文化提供了一个平台，它所呈现出来的广场文化是丰富多彩的，广场文化与广场、群众文化是紧密联系在一起的结合体，它不是孤立的社会现象，是一个文化的集合体。

一、社区广场展演

社区广场展演作为广场文化活动中的一个关键组成部分，担负着推广地方文化、提升社区凝聚力和丰富居民精神生活的使命。社区广场展演通常包括各类文艺表演以及视觉艺术展示等活动。地方民族特色文化表演是其中的一大亮点，这类表演不仅能展示地区的文化独特性和艺术魅力，更是传承和弘扬民族文化的平台。通过精心挑选和策划的节目，如地方歌舞、传统戏剧、民族乐器表演等，不仅可以吸引社区居民的积极参与，而且能吸引外来游客，促进文化旅游和地方经济的发展。

现场绘画等视觉艺术活动同样在广场展演中占有一席之地。画家可以在公众眼前直接创作艺术品，使观众能够看到艺术创作的过程，并与艺术家进行交流。这种即时的艺术创作和展示形式，为社区居民带来观赏美学的同时，也鼓励他们直接参与艺术创作，进一步激发他们的艺术热情。除了文艺表演和视觉艺术展示，社区广场展演也常常结合特定的节日或纪念日进行，如春节、中秋节或国庆日等。这样不仅赋予展演更深的文化内涵，也利于加强居民之间的文化联系和情感交流。同时，定期举办的活动还可以培养居民定期参与文化活动的习惯，增强他们的文化意识。

组织这样的活动需要良好的规划和协调，包括活动内容的设计、演出人员的选取、舞台及设备的搭建、观众服务的管理等多个方面。为了确保活动的顺利进行，还需要考虑天气变化、安全保障等现实因素。通过有效的组织和管理，社区广场展演能成为社区文化生活的标志性事件，为居民的日常生活带来文化色彩，同时也成为展现社区文化活力的窗口。社区广场展演以其开放性和包容性，为不同年龄、不同背景的人们提供了交流与互动的机会，借助文化的力量增强了社区内部的凝聚力。展演活动不仅仅是文化的展示，更是居民共同生活经历的一部分，通过每一次的展演活动，居民们对自己所在社区的认同感和归属感都会得到增强。因此，社区广场展演不单是一种文化活动形式，也是推进社会和谐、促进社区文化发展的实践平台。

二、公民参与的活动策划

公民参与的活动策划为广场文化活动赋予了一种特别的力量，即来自社区本身的动力和创造性。它鼓励居民从活动的策划阶段就开始参与其中，确保活动内容能够贴近居民的实际需求和文化背景，使执行过程更加顺畅、有效，并最终增强社区的归属感。

活动策划的公民参与体现在多个层面。在活动的构思阶段，居民可以通过社区讨论会或在线论坛提出自己的想法和建议，为即将举办的文化活动注入新鲜的元素。这一过程不仅增加了文化活动的多样性，还提高了居民对社区共同事务的参与感和责任感。居民在活动的实施阶段发挥的作用同样关键。社区成员可以作为志愿者加入活动策划团队，参与实地的组织工作，例如协助场地布置、活动宣传、现场管理等。社区成员的直接投入不仅有助于减少活动成本，更能够强化社区内部的合作精神。

在活动执行的过程中，居民可以担任主持人、表演者或协调者等角色，为广场文化活动带来他们个人独特的技能和才华。通过在活动中扮演可视的、重要的角色，居民的自信心和社区中的地位得到提升，他们对于社区的认同度和爱戴度随之增强。此外，活动之后的评估和反馈阶段也不可或缺。居民可以参与到活动的后续讨论中，分享他们的体验，提出改进建议。这样的反馈机制不仅提升了未来文化活动的效果，更强化了居民在社区文化建设中的主体地位。

通过这样全面的公民参与机制，社区文化活动成了居民集体智慧和创意的展现，每一位居民都能在其中找到归属与价值。这种居民主导、共同参与的方式有效提升了活动的接受度和影响力。公民的积极参与也助力于社区凝聚力的提升，使广场不再仅是空间的概念，而是社区活力和文化交流的中心。公民参与的活动策划，最终形成了使居民骄傲和守护的社区文化标签，成为社区精神共同体认同的重要纽带。

三、健康生活理念推广

在广场文化活动中，健康生活理念的推广是提升公众生活质量的核心内容之一。结合具有地方特色的广场舞、太极等健身活动，不仅能够富有节奏地活跃社区氛围，更是在无形中宣扬了积极健康的生活方式。广场舞作为一种群众性的健身活动，已经在多个社区广泛开展。其简便易学、趣味性强、互动性高的特点，使之成为广大居民尤其是中老年人群社交和锻炼的首选方式。广场舞不仅促进了参与者的身体健康，增强了心肺功能、协调性和灵活性，提高了社区和居民之间的相互联系。太极，作为中国传统武术的一种，以其动作缓慢、柔和且连贯，深受各年龄段居民的喜爱。它不仅有助于调节身心、改善健康状态，还含有深厚的文化内涵，让练习者在强身健体的同时感悟中华文化的智慧。太极的推广可以通过组织定期的集体练习、太极工作坊、太极表演等形式，让更多居民了解这项活动并参与其中。

为了使健康理念得到更广泛的传播，社区还可以定期举办健康讲座和工作坊，邀请专业的健康管理师、营养师等专家，教授科学的健康知识和生活指导。此外，结合健康饮食推广，如开展健康饮食烹饪课程、农夫市集等，也能有效地引导居民形成健康的饮食习惯。社区公共广场可以充分利用其开放的空间优势，创造出既适合健身活动，也便于开展健康教育的环境。安装户外健身器材、设置健康主题的展板等，还可以吸引更多的居民在日常生活中自发地加入健康活动。

为确保广场活动的成功和持续性，必须制定周到的组织计划，并建立有效的激励机制，鼓励居民定期参与。同时，活动的营造和推广也需要与当地文化和居民生活习惯相结合，形成具有本土特色的健康生活推广模式。通过以上维度的综合考量和策划，健康生活理念推广活动不仅在物质层面提升了广场的功能，也在精神层面增进了社区的凝聚力和居民的幸福感，使广场真正成为社区生活的健康中心。

四、多元文化的展示

在广场文化活动的多维构成中，多元文化的展示占据了一席之地，它通过丰富多彩的艺术表现形式，彰显出社区的文化包容性与多样性。整合好各种不同文化背景的艺术元素，不仅为居民提供了一场视觉与感官的盛宴，更是推动了各种文化之间交流与理解的重要驱动力。多元文化展示的活动形式多样，可以包括国际民俗节、世界音乐日、外国语言日等。这些活动通常会围绕特定文化的传统节日或重要纪念日进行策划，让居民亲身体验到各种文化的独特节日习俗和庆典活动。例如，在国际民俗节活动中，各个民族的传统舞蹈、乐器演奏、服装展示和美食制作等环节，可以相互交错进行，使得当地居民与来自世界各地的人们共同享受和参与其中。艺术表现不限于表演艺术，还可以扩展到视觉艺术领域，如国际风情绘画展、世界摄影大赛等。这样的展览不仅展示了不同文化背景下艺术家的创作灵感和作品，也能够激发观众内心的共鸣，促进不同文化之间的相互欣赏和理解。此外，还可以通过文学朗诵、电影放映等形式，介绍不同国家的文学作品和电影艺术，使居民在欣赏中学习和体会到其他文化的价值观和生活哲学。

为了充分发挥多元文化活动的作用，必要的宣传和教育活动也显得尤为重要。通过社区公告、本地新闻媒体、社交平台等渠道，宣传即将到来的多元文化活动，激发居民的兴趣和期待。在活动中，可以通过提供具有教育意义的小册子、举行主题讲座以及邀请文化传播者等方式，为居民提供更深层次的文化背景知识，增强活动的文化深度。多元文化的展示活动不仅让参与者直观地感受到各个不同文化流派的艺术美感，也加深了居民对于多元文化的理解和尊重。这样的文化活动在社区中搭建起了一个交流与学习的平台，不断促进不同文化观念的融合与对话，增强社区文化生活的活力与广度，推动社区向着更为和谐、包容的方向发展。

送文化下乡活动

2023 年，文化和旅游部、农业农村部、国家乡村振兴局三部门共同举办"大地欢歌"全国乡村文化活动年，推出全国"村晚"、全国广场舞展演等乡村文化活动。三部门共同聚焦乡村文化建设，可见这件事儿分量之重。处于供给"末梢"的广大基层和农村，是公共文化服务体系建设的重点，也是文化资源下沉落地的难点。然而，"喇叭一响，看电影的人一操场"，"戏班子一来，男女老少全村出动"，这样的景象如今似乎很难再现。送下乡的文化如何才能真正送到百姓心坎上？这是一道必答题，也是一道"既要、又要"的辩证题。

一、送文化下乡活动要"送什么"

文化下乡，为何"供需不对路""送了留不下来"？背后原因是多方面的。认知、机制，不一而足，再深究一步，主要有如下几种心理在作祟。

其一，用"俯视"心态看待文化下乡，将农村视为"低端文化"的地盘，认为城里过时的文化活动，在村里依然时髦。从某种程度来说，如今很多乡村，比城里还要"潮"。当村民都在用手机玩直播，文化下乡的形式和内容，还停留在上个世纪的做法，注定很难赢得大家的认可。

其二，用"行政"思维推动文化下乡，只是简单从政绩角度作决策，把"做了当成做好了"。文化下乡是要将文化送到农村、送给农民朋友，但若是纯粹将之视为一种行政手段，仅仅是自上而下的单向输送，就很容易成了"虚假繁荣"。

其三，用"对付"心理对待文化下乡。在部分地区，文化工作者不愿让双脚勤沾泥土气，经常关门搞创作，甚至抗拒去偏远农村，这自然无法走进村民心中。

敷衍了事的节目，也无法让广大群众共情。

当然，这背后也有现实因素。比如，文化员常兼着好几个岗位的活儿，连安排日常文化活动都无暇顾及，更别说要绞尽脑汁策划新活动。有时不能够做到尽善尽美，一定程度上可以理解。尽管如此，这也不能成为事情做得不够好的理由。

首先，要明确文化下乡是为群众而送。文化下乡的本质是做群众工作，送之前要搞清楚群众"想什么、要什么"，送之后要了解群众"满意不、开心不"，让村民说了算，既给"点菜权"，又给"评菜权"，这样群众才会和你掏心窝子，这样的文化下乡才能收获群众发自内心的赞扬。

其次，想清楚文化下乡为啥要送。文化下乡，从面上看，是为了丰富群众的文化生活，进而"以文化人""以文育人"，往深层看，文化下乡也是为了激活乡村文化这一富矿，在将文化送下乡的同时，种下属于农村自己的文化种子。

再次，想清楚文化下乡靠谁来送。我们的社会不缺文化人才，缺的是聚才留才的平台和气魄。政府有关部门不光要自己干，更要在广袤的农村大地，为各路文化人才搭好台，吸引他们聚到一起干。他们，可以是乡村本土文化人才，也可以是艺术院校的专业学生，还可以是在外乡贤。

最后，文化下乡要因势而变，与时代共同起舞。技术变革的日新月异让文化下乡有了多种新可能。互联网、云储存、大数据让云舞台、线上送、联动送成为现实，3D，VR，AR等技术让全息影像生动呈现。从传播渠道看，只要内容够好，群众够喜欢，观众都能成为我们的宣传员，带来数量级的传播力和影响力。"诗文随世运，无日不趋新。"对于文化下乡而言，在文化礼堂等硬件设施基本到位的今天，需要考虑的是，如何在细水长流中充实"软件"，激发文化下乡的"内驱力"，让村民们在潜移默化中受到熏陶，真正让文化留下更留香。

二、送文化下乡活动要"怎么送"

文化关乎国本、国运，文化兴则国家兴，文化是一个国家和民族的灵魂。文化振兴是乡村振兴的铸魂工程，在乡村振兴工作中要充分发挥文化的引领作用，多措并举，推动农村文化建设，深入挖掘乡村文化、推动文旅融合，绘就乡村振兴新蓝图。

（一）坚持"送文化"与"种文化"相结合

近年来，党和政府通过开展"电影下乡""文化下乡""送书下乡"等各种文化活动，将形式多样的文化送到乡村，将文化资源倾斜农村。但我们不只要"送文化"还要"种文化"，培育乡村文化骨干，鼓励群众自办文化，引导群众自发组建文艺演出团，开创乡村文化音乐节，整合"送"下来的文化资源，"种植"本土乡村文化，进而成为乡村旅游的一道靓丽风景，为乡村振兴增添活力。

（二）坚持保护与开发并重

乡土文化有其独特的内涵与魅力，我们要加以重视并加以保护和传承。在充分挖掘乡土文化的同时，通过编修村志、镇志等开展文化工程记录保存好当地历史文化，培育文化接班人、申请非遗物质文化做好文化传承工作，兴建村史馆等文化场馆，充分保护本地文化和文物。文化要坚持守正创新，在保护的前提下我们要开发更多本土文化资源，在"千万工程"引领下打造"一村一品"乡村文化，以特色的少数民族民风文化、红色文化为亮点，创办文旅品牌，吸引更多游客前来参观体验打卡，创新文化表现形式，以数字化、游戏化等形式展现，利用节假日组织多样的文艺体验活动，丰富"乡土文化大餐"、奏响"乡土文化"新华章。

（三）坚持政府引导与市场运作相结合

在推动农村文化建设中，要强化政府引导、扶持和服务职能，加强部门协同、合力推进文化振兴赋能乡村振兴。充分发挥市场机制作用，调动市场主体积极性，以重点产业项目为载体,增强农业农村发展活力。扶持乡村小微文化企业和工作室、个体创作者、网红直播等发展，鼓励企业和民间资本通过多种形式投资乡村文化产业。推广"公司＋村集体＋农户"经营模式。完善农民入股、按股分红等利益联结机制，通过"资源变资产、资金变股金、农民变股东"，让农民更多分享产业增值收益，让乡村振兴活起来、人民群众物质和精神都富起来，让乡村文化红起来。

三、下乡艺术团体巡演

送文化下乡活动是实践文化普及、促进城乡文化交流的重要举措之一。在这一活动中，下乡艺术团体巡演起到了中枢的作用，能够让乡村地区的居民亲身体验和欣赏到专业的文艺演出，以此激发他们对艺术的热爱和对文化的渴求。

具体实施下乡艺术团体巡演活动，首先需要策划一系列的文艺演出项目。这些项目应该精心选择，并兼顾广泛性和多样性，包括传统戏曲、民族歌舞、现代戏剧、音乐会等多种形式。演出内容既要体现民族文化的精髓，又要贴近乡村居民的生活实际，以确保演出能够触动观众的情感，同时传递出积极的文化价值。在组织艺术团体下乡巡演时，还需要加强与当地政府和文化部门的沟通，制定详尽的行程计划和执行方案。对于巡演地点的选择，要充分考虑到乡村地区的地理位置、交通便利性以及居民的接受能力，以确保演出能够顺利进行并吸引较多的观众。为了进一步提升巡演的效果，活动还包括与当地居民的互动环节，诸如艺术工作坊、讲座、互动式讨论等，让乡村居民不仅是演出的观众，还能成为参与者。通过这种互动，乡村居民可以更直接地了解艺术知识，增进对艺术形式的理解和欣赏，甚至激发他们自己尝试艺术创作的兴趣。

艺术团体的成员在巡演回访的过程中也可以收获宝贵的人文观察和创作灵感，这样的交流可视为双向的文化滋养。他们能够从乡村居民的生活方式、当地的文化传统中汲取素材，反哺自己的艺术实践，使得艺术创作更加贴近人民群众，更富生活气息。此外，活动中还能加强对乡村地区文化设施建设的关注，可能会对完善当地的文化设施提供借鉴和推动，如乡村图书馆、文化中心的建立和升级等。这样的硬件提升，有助于为乡村地区在演出之外的日常生活中持续性地提供文化服务和活动空间，使得文化服务不再是"走马观花"，而是深入日常、可持续性的文化供给。

总体来看，下乡艺术团体巡演是推动文化平等化的有效途径，深化了城乡之间的文化交流，促进了文化的共享和公平。这样的文化的"送下乡"活动，不仅对乡村居民的精神世界产生了深远影响，亦为文化传承和创新提供了肥沃的土壤，对于构建和谐社会、增进民族团结具有积极的社会意义。

四、农村教育培训活动

有针对性地提供文化艺术类教育培训，可以提高农村公众的文化素养，激发农村居民对于艺术的兴趣与参与度，并促进城乡文化差距的缩小。

农村教育培训项目的策划，涉及课程内容的挑选和设计，教师资源的配置，以及培训方式的创新三个核心维度。课程内容应广泛覆盖各种文化艺术门类，如音乐、绘画、雕塑、书法、舞蹈等，且要融入当地文化特色，增强课程的亲和力和实用性。课程设计须考虑到农村公众的实际需要和接受能力，由简入深，循序渐进，使学员能够在轻松愉快的氛围中学习和提高。教师资源的调配则需要重视教师的专业背景及其与农村文化的契合度。优先考虑那些热爱农村教育、有志于文化传承和推广的专业人士，以确保教学质量和效果。同时，教师们应该具备一定的教学策略和方法，能够根据农村学员的特点进行相应的教学调整。

培训方式也需创新和优化。结合线上线下教学资源，利用现代化信息技术手段如网络课程和远程直播等，为农村居民提供更方便、更丰富的学习途径。线上教育平台的开设使得农村居民能够跨越地理限制，享受到与城市同质的文化教育资源。这种教育方式在保障教学质量的同时，也显著降低了成本，增加了培训活动的普及率和覆盖面。农村教育培训活动不仅要提供系统的文化艺术学习课程，也应该开展一系列的实践活动，比如艺术作品展览、文化艺术比赛、公开的文化艺术表演等，使学员们有机会将所学知识落到实处，展示学习成果，提高公众对文化艺术的认可度和支持力度。

此外，为了保证教育培训活动的持续性和深远影响，还需要与当地教育、文化等相关部门，以及社区、学校建立长期的合作关系，形成稳定的文化艺术教育网络。这种多方参与和持续投入的模式，可以更好地维护和发展农村的文化艺术教育项目，在长远中提高农村公众的整体文化素养和艺术修养，为乡村振兴战略贡献文化力量。

五、农村特色文化挖掘

支持与宣传乡村地区的本土文化和特色艺术，是保护和传承乡土文化遗产的重要工作。这一活动不仅有助于丰富农村的文化生活，也是增进外界对农村文化理解和尊重的有力途径，进而有利于构建多元一体的国家文化格局。

为开展农村特色文化的挖掘工作，首先要进行深入的田野调查和文化资料的收集。这包括乡土文化的历史脉络、民间传统、乡村手工艺技术、特色民俗活动、地方方言、乡土风俗等各个方面。通过与当地文化工作者、民间艺人、长者等的沟通与交流，搜集整理那些即将消失或已经被忽略的珍贵文化元素。收集和整理后的本土文化元素，需要有适当的形式和平台进行展示和传播。可以通过举办乡村文化节、特色民俗展、传统手工艺市集、地方戏剧和音乐会等形式，将乡村特色文化以适合大众的方式呈现出来。这些活动不仅为当地居民提供了欣赏和参与的机会，也能够让外来人士直观地感受到农村文化的魅力和价值。

挖掘和宣传乡村特色文化的过程中，培养和支持当地文化的传承人和创新者也是不可或缺的。通过设立专项的教育培训计划、手工艺研习班、传统文化讲座等方式，不仅帮助当地人才系统地掌握本土文化知识和技能，同时也鼓励他们在传统的基础上进行创新和发展。送文化下乡活动还应致力于将农村特色文化转化为可持续的经济资源。例如，通过申请非物质文化遗产的认定，建设乡村文化产业园区，开发具有地方特色的文化旅游项目，培育文化品牌等方式，将农村特色文化转化为促进地方发展的新动力。

结合现有媒体资源和网络平台，农村特色文化的挖掘成果也应得到广泛的宣传和分享，通过电视纪录片、网络视频、文化展览等多种形式，保护并推广那些有着深厚历史和文化内涵的乡土艺术。利用现代科技记录和传播这些珍贵的文化遗产，能够让更多的人了解并重视农村特色文化，从而实现文化遗产的长期保护和利用。农村特色文化的挖掘活动，通过多维度、多角度的工作内容，不断增强乡村居民的文化自信，推动农村社会的文化复兴，为促进文化多样性和社会和谐贡献了重要力量。同时，它也帮助城乡居民建立起更加紧密的文化连接，共同守护和珍惜这些代表着中华民族精神和智慧的文化瑰宝。

六、农村文化设施建设

农村文化设施建设是送文化下乡活动的重要组成部分，其主要目标是通过建立文化广场、图书室等基础文化设施，改善农村文化生活条件，为农村公众提供开展文化活动的物质基础，让文化服务成为乡村生活的常态。

文化广场作为农村公共文化设施的重要组成，提供一个开放的空间供居民聚集、交流和参与各种文化活动。在文化广场的规划和设计中，应考虑到地理位置的合理性、环境的舒适性和设施的可达性。它不仅要满足日常的文化需求，如节日庆典、表演活动、展览等，还要适应不定期的大型文化活动。图书室则是知识传播的核心场所，通过为农村居民提供免费的阅读资源，有效地提升农民群众的知识水平和文化素质。图书室的建设不仅包括图书的采购、分类和归档管理，更需要创建一个舒适阅读环境，如安静、整洁和光线充足的阅读区域，以及便捷的借阅和咨询服务。此外，农村文化设施的建设还包括文化中心、电影放映室、乡村舞台等设施。文化中心可以作为展示本地文化、开展教育培训和促进文化交流的多功能空间。电影放映室满足广大农村居民对影视文化的需求，丰富他们的精神文化生活。乡村舞台则是本土艺术表演的主要场地，可以激发乡村文化活动的生机与活力。

在实际操作过程中，农村文化设施建设需要多方面的支持和配合。政府部门应发挥领导作用，提供政策引导、资金支持和技术帮助。同时，鼓励社会资本参与建设与运营，通过公私合营等多种合作模式，调动社会力量参与农村文化建设。此外，还要与村民进行广泛沟通，充分考虑他们的需求和意见，确保文化设施建设能够真正符合当地居民的实际使用需求。农村文化设施的建设不仅要注重硬件设施的完善，还要重视软件内容的丰富和管理服务的标准化，通过定期举办文化活动、培训课程、艺术展览等方式，使文化设施成为活跃乡村文化生活的重要平台。

传统文化节庆活动

在浩瀚的历史长河中，中国传统文化如同一颗璀璨的明珠，闪耀着智慧的光芒。其中，民俗活动更是承载了深厚的历史底蕴和民族精神，蕴含着丰富的文化内涵和独特的故事。

一、传统节日的演变与价值

中国传统节日的起源可以追溯到数千年前，它们与农耕文明、宗教信仰、民间习俗等息息相关。随着历史的发展，这些节日逐渐形成了独特的庆祝方式和文化内涵。例如，春节起源于上古时代的岁首祈岁祭祀，经过演变成为集拜神祭祖、祈福辟邪、亲朋团圆、欢庆娱乐和饮食为一体的民俗大节。

中国传统节日蕴含着丰富的文化内涵，体现了中华民族的传统美德、价值观和生活哲学。例如，春节期间的拜年习俗，传递着尊老爱幼、家庭和睦的价值观；清明节扫墓祭祖的习俗，则体现了敬祖感恩、慎终追远的文化传统。这些节日不仅让我们感受到传统文化的魅力，还教育我们如何做一个有道德、有责任感的人。

在当今社会，中国传统节日仍然具有重要的现代价值。首先，它们增强了民族认同感和凝聚力，让我们更加珍视和传承中华民族优秀传统文化。其次，传统节日促进了家庭和谐与社会稳定，成为人们交流感情、增进友谊的桥梁。此外，这些节日还丰富了我们的精神文化生活，提高了生活品质。

为了传承和发扬中国传统节日，我们需要采取一系列措施。首先，政府和社会各界应该加强对传统节日的宣传和普及，让更多人了解和参与节日庆祝活动。

其次，我们应该将传统节日与现代生活相结合，创新庆祝方式，让传统节日焕发新的活力。同时，我们还应该深入挖掘传统节日的文化内涵，传承和弘扬中华民族优秀传统文化。总之，中国传统节日是中华民族的瑰宝，它们承载着丰富的历史文化内涵，具有独特的魅力和价值。我们应该珍视这些节日，传承和发扬它们的优秀文化传统，让它们在现代社会中焕发出新的光彩。

二、传统节日特色活动的策划与组织

传统文化节庆活动关注挖掘和利用我国丰富的传统节日资源。策划与这些传统节日相关的特色文化活动，如端午节的龙舟赛和中秋节的赏月聚会，活跃社区文化生活，传承和弘扬传统文化。节日特色活动的策划需要紧密围绕各个传统节日的文化内涵和习俗特色进行。以端午节为例，除了组织具有传统竞技性质的龙舟赛，还可以通过包粽子比赛、设立龙舟文化展示区等活动，让居民全方位地体验和了解端午节的历史和文化意义。通过节日特色活动的举办，能够加深公众对传统节日的认知，唤醒民族文化记忆。

中秋节则是中国传统文化中团圆和谐的代表。策划中秋节特色活动时，除了举办赏月诗会，还可以包括月饼制作和品尝、中秋灯谜猜谜、中秋民俗表演等活动，这些活动既反映了传统节日的文化精神，也符合当代社会弘扬传统文化的需求。特别是在都市社区，这样的活动能够引发人们对乡愁和家国情怀的共鸣。

在特色节日活动的执行层面，需要充分调动各方面资源，包括资金支持、场地布置、媒体宣传等，以确保节日活动的顺利进行。活动前，要有一系列的宣传推广工作，如发放宣传单、社交媒体推广等，确保广泛传达节日活动信息以吸引更多社区居民的参与。活动现场，则可以结合现代科技手段，如灯光效果、多媒体展示等，增加活动的趣味性和参与感。节日特色活动的开展还需要文化专业人士的指导和参与。通过邀请专家举办讲座或工作坊，例如讲解节日的来历、传统习俗的意义等，可以加深居民对节日文化的了解和尊重。同时，活动中还应鼓励居民参与节日习俗的传承与创新，让传统节日活动既传统又现代，与时俱进。而且这些节日特色活动的策划与实施，不仅仅是为了丰富公众的文化生活，更是一种文化自信和文化身份的表达。通过节日活动的持续开展，可以有效地传承和发扬我国传统节日文化，促进不同文化背景的居民之间的交流与相互理解，强化社区文化的凝聚力，构建和谐、活跃的社区文化生态系统。这样的节日特色活动，是传统文化节庆活动中不可或缺的一环，为传统节日文化的传承与发展提供了持久的动力与平台。

三、传统节日文化活动的现代传承

"对中华民族的优秀传统文化加以传承和再造，这也是中国人民的历史责任。"[1] 要实现传统文化的现代传承，首先需要对传统文化元素进行深入的研究和创新性的适配。这包括将传统的符号、故事、色彩、音乐等与现代艺术形式如电影、动漫、音乐剧、街头艺术等相结合，创造出独特风格的艺术作品。在这一过程中，艺术家和创作团队的角色至关重要，需要他们有深厚的传统文化底蕴，同时对现代艺术有独到的见解和创新能力。以传统故事为基础的现代电影和动漫创作，是传统文化现代传承的突出范例。将经典的历史故事、民间传说等改编为情节跌宕起伏、制作精良的影视作品，不仅给观众带来视觉和情感上的冲击，也让年轻人对传统文化产生兴趣，进一步去探索和了解传统文化的深层价值。

音乐也是连接传统与现代的桥梁。将传统乐器和民谣融合到流行音乐、摇滚乐等现代音乐形式中，既保留了音乐的传统韵味，又增加了音乐的时代感，更容易被年轻一代所接受。音乐剧和舞台剧的表演也可以借助现代舞台技术，如多媒体互动、特效演示等，增强对观众，尤其是年轻观众的吸引力。此外，现代艺术装置和街头艺术也能为传统文化的传承提供新的可能。在公共空间展示带有传统文化特色的艺术装置或进行主题壁画创作，可以无形中影响人们的文化观感，激发对传统文化的认知和讨论。

---

[1] 马艳. 中华优秀传统文化与高校思想政治教育融合研究 [M]. 北京：新华出版社.，2024：113.

在传统文化的现代传承过程中，社交媒体和网络平台则是传播的重要工具。利用这些平台开展主题宣传、线上活动，甚至是虚拟现实（VR）体验等，可以更加直观地展现传统文化的现代魅力，使其跨越时空界限，触达全球各地的年轻人心中。"我们必须要赋予中华优秀传统文化以新的时代特征，重视中国传统文化的现代价值转换。"[1] 总的来说，传统文化的现代传承关键在于创新与融合。通过现代艺术形式包装的传统文化不仅能够更好地适应当代社会的审美和消费习惯，也能成为年轻人认知和感受传统之美的重要窗口。这样的传承方式，既承载了对传统的尊重和传播，又展现了传统文化在当代发展的无限可能性，有利于构建活跃的传统文化生态，培育出更加健康和谐的文化发展环境。

四、民间艺术工作坊

通过策划各类包含传统手工艺术、民间舞蹈和戏曲元素的体验工作坊，为公众尤其是年轻一代提供深入了解和亲身体验民间艺术的平台，让传统艺术得以生动地展现在现代人面前，也激发了参与者对传统文化的兴趣和热爱。

民间艺术工作坊的内容涵盖广泛，从剪纸、陶艺、刺绣、编织、木雕到传统服饰制作等各种手工艺技法，到传统戏曲的基础训练、民间舞蹈的学习和排练，每一门艺术形式都是民族文化的一个重要组成部分。工作坊通过聘请资深艺术家或工匠，提供专业指导，让参与者在亲手制作艺术品的过程中，逐渐领略并掌握这些传统技艺的精髓。举办工作坊时，要以互动性和体验性为核心，创造一个既轻松又专注的学习氛围，以便参与者可以在实践中感受传统艺术的魅力。例如，在陶艺工作坊中，不仅向参与者讲解泥土的选择、成型技巧、彩绘方法等知识，还提供实操机会，让他们亲自动手制作陶器。这样的互动体验有助于参与者更加直观地理解陶艺文化，培养其对手工艺术的热爱和尊重。

对于戏曲和民间舞蹈工作坊，则可以通过短期的强化培训，让参与者学习基

---

① 马艳.中华优秀传统文化与高校思想政治教育融合研究[M]北京：新华出版社，2024：171.

本的歌唱、身段、表演等技能。模拟真实的表演环境，如舞台、道具、化妆、服饰等，使参与者能全方位地体验传统表演艺术的精彩。戏曲表演的表情捕捉、身体语言的训练，民间舞蹈的节奏感和身韵的把握等，都能极大提升参与者的文化艺术素养。此外，工作坊应当结合现代教学手段，如视频教程、虚拟现实体验等，这些技术的融入可以使复杂的学习内容变得更易理解和吸引人，尤其是对年轻参与者具有重要吸引力。

工作坊结束后，还必须提供一个展示平台，比如成果展览、小型表演等，让参与者有机会将自己的学习成果分享给家人、朋友以及更广泛的社区成员，这不仅是对他们所学技能的一次实践考验，也是对传统文化价值的一次公开肯定。民间艺术工作坊的举办，能够有力地促进传统文化的保存与传播，让参与者在动手实践中发现传统文化的生命力和现代价值。这类活动对于激发公众尤其是年轻人的文化认同感，推动传统文化与现代生活方式相融合，维护民族文化多样性具有长远而深远的影响。

五、传统文化知识普及

传统文化知识普及是传统文化节庆活动的一项关键内容。它致力于通过提供讲座和展览等形式，以智慧和情感的方式增进公众，尤其是青少年对中国深厚文化底蕴的认识和理解。此举旨在激发民众对民族文化的兴趣与热爱，同时为传统文化的继承和发展奠定坚实的群众基础。讲座活动通常由文化界的专家学者或实践者担任主讲，围绕传统文化的历史沿革、哲学思想、艺术特色等不同主题展开。在内容设计上，讲座应注重深入浅出，相关案例与现代生活相结合，讲解清晰，充分调动听众的思维和情感参与。这样的讲座不仅能提供系统全面的传统文化教育，也能激发公众深层次的思考和探究。展览形式上，可包括历史文物展览、非物质文化遗产展示、民俗活动图片展等。通过直观的展示方式将传统艺术品、手工艺作品以及各地不同的民间习俗予以呈现，公众可以近距离感受到传统文化的美学魅力和深远内涵。展览现场布置应富有创意与互动性，让参观者在欣赏的同时，通过听、看、触等多重感官体验来全面了解传统文化。

在传统文化知识普及的过程中，还需要注意通过多元化和多渠道的方式进行宣传推广。可以利用社交媒体、公共广播、社区公告等方式，向公众传达讲座与展览活动的信息，吸引更多人的参与。同时，为了增加讲座和展览的影响力，可以邀请明星大咖参与活动或作为活动代言人，用其影响力促进文化传播，提高活动的关注度。为了使传统文化知识普及更为深入，活动还可以结合学校教育，例如通过校园巡回讲座、邀请学生参与展览策划等方式，使学生在实践中学习和体验传统文化，培养其对本国文化的自豪感和责任感。同时，设立传统文化教育基金、图书捐赠等公益行为也有助于文化教育的持续开展和传承。

数字文化服务

数字文化是"以文化创意内容为核心，依托数字技术进行创作、生产、传播和服务，呈现技术更迭快，生产数字化，传播网络化，消费个性化等特点，有利于培育新供给，促进新消费"。[①] 数字文化产业的发展内涵与核心内容，即"以文化创意内容为核心，依托数字技术进行创作、生产、传播和服务，呈现技术更迭快，生产数字化，传播网络化，消费个性化等特点，有利于培育新供给，促进新消费"。对于数字文化产业发展的未来的发展趋势，从本质上看依旧是要把握好了文化的深刻内涵，也要把握住人工智能、物联网、5G网络等前沿科技对数字文化产业带来的变化和机遇，坚持创新驱动，深化融合发展，开拓全新的消费领域、文化业态和商业模式。

一、数字资源库建设

数字资源库建设是构建现代数字文化生态的重要基石，致力于为公众提供一系列丰富多元的数字文化资源。这些资源以电子书籍、在线课程、虚拟博物馆等形式出现，力图通过科技力量，使文化传播的边界得以扩展，资源共享的可能性增加，从而开创文化服务新局面，实现文化的普及与民众素养的提升。数字资源库的核心在于其内容的多样性和质量。电子书籍作为数字资源库的一重要部分，应囊括从古籍、经典文学到现代作品的广泛领域，覆盖不同年龄层和兴趣群体，为各类读者提供便捷的线上阅读体验。在采集和数字化过程中，不仅要确保作品的丰富性、文本的精确性，也要注重版权的合理使用与保护，遵守相关法律法规。

---

① 刘伟，华章. 新时期对群众文化队伍建设及活动的思考 [J].2011(12).

在线课程则是数字资源库教育功能的体现，通过合作的教育机构和专业讲师团队，制作一系列符合民众学习需求的高质量数字课程。这些课程不仅包括艺术、历史、哲学等传统文化类课程，还应当包括如数码艺术、网络文化等新兴文化内容，以满足公众日益多样化的学习兴趣和需求。虚拟博物馆作为新时代的文化展示平台，可通过三维技术、交互界面等数字工具，将物理博物馆的展览数字化，让用户足不出户便可以游览名胜古迹、观赏宝贵文物。虚拟博物馆的开发不仅应提供视觉的数字化展示，更应添加音频讲解、互动问答等功能，使参观者可以获得沉浸式的文化体验。

数字资源库的建设必须具备高质量的技术支持，这包括稳定的服务平台、便捷的用户界面、安全的数据保护等。技术团队需不断优化数字资源库的使用体验，提高系统的可操作性和互动性，确保资源库对各类用户都是开放友好的。同时，考虑到不同群体的技术使用习惯和接受程度，数字资源库还应提供从初级到高级的多层次使用指南，帮助用户更好地利用这些资源。此外，数字资源库建设还须强化资源的动态更新与管理，这不仅包括定期丰富和更新资源内容，也包括对用户使用情况、反馈信息的分析与响应，及时优化服务。通过线上交流论坛或用户调研，可以收集用户意见，改进服务流程。

二、信息技术应用

信息技术应用的关键目标是开发各种应用程序和互动平台，为公众提供门槛低、操作简便的数字文化内容访问途径。宗旨是深化数字技术与文化服务的融合，通过创新的数字工具和平台，提升公众的文化消费体验，促进文化信息的便捷获取和有效传播。应用程序的开发集中体现了个性化和便利性，针对不同文化领域，如图书阅读、博物馆导览、音乐欣赏等，开发出专门的移动应用软件。这些应用程序以其用户友好的界面和功能，满足用户随时随地进行文化消费的需求。例如，一个集成了声、图、文字解读的博物馆导览应用，可以让用户在游览不同展览时，获得即时的讲解服务。

互动平台的建设则更注重用户间的交流和互动，以及用户与内容提供者之间的沟通。如在线问答平台、文化论坛、社区投稿系统等，用户可以在这些平台上发表意见、交流心得、分享经验，形成良性的文化交流环境。互动平台的社会化功能促进了用户之间的知识共享，创造了一种互助学习与共同成长的社群氛围。

为了保证这些应用程序和平台的高效运行，信息技术应用需要融入大数据分析、云计算服务、人工智能推荐等先进技术手段。大数据技术可以帮助平台分析用户行为，优化内容推送策略，个性化满足用户需求；云计算服务则保证了系统的稳定性和可拓展性；而人工智能推荐系统可以根据用户的历史行为和偏好，推荐更符合其口味的文化产品。还要确保这些数字服务的无障碍和包容性，让不同年龄层、不同能力水平的用户都能轻松使用。这意味着软件和平台在设计时应考虑到易用性，如简洁直观的交互设计、清晰的导航指引、多语言支持、无障碍访问功能等，以适应更广泛用户群体的需求。

信息技术应用还需注重用户隐私保护和数据安全，确保用户在享受数字文化服务时，个人信息得到妥善处理和保护。这涉及软件开发过程中对数据加密技术的使用、用户权限设置的合理规划，以及对用户数据处理的透明化管理。信息技术应用的目标是通过友好的用户体验、高效的内容分发、温馨的交流氛围、先进的技术应用，实现文化服务的数字化升级，达到推广数字文化、提升公众文化素养、丰富人们精神生活的最终目的。在这一过程中，用户得以更轻松地接触和利用丰富的数字文化内容，而数字技术的发展也为文化服务的深化与创新提供了有力支持。

三、在线文化活动

在线文化活动的开展旨在通过网络举办艺术展、在线演出和数字艺术节等多样化的文化活动，充分利用数字化平台优势，打破传统文化活动的时间与空间限制，拓宽公众的文化体验视野。网络艺术展是在线文化活动的重要形式之一。它通过数字化手段展示画作、雕塑、摄影以及多媒体艺术作品，允许全球观众在任何时间自由访问。网络艺术展的策划和执行需注重虚拟空间的设计美学和用户交互体验，使观众能够通过视觉和听觉等多种感官，沉浸在艺术的海洋之中。通过360度的视角转换、高清图像缩放、音频导览等功能，提升用户的参与感和沉浸感，让艺术作品的每一细节都能得到深入的欣赏。在线演出则将戏剧、音乐会、舞蹈表演等传统舞台艺术转移到网络平台。运用实时直播或录像点播的方式，使观众不再受限于地域位置，可以在家中就享受到高水准的文化演出。针对在线演出的特点，演出制作应考虑画面特效、音质调校等技术因素，确保网络传输过程中艺术表演的完整性与审美感，同时为观众提供与表演者互动的渠道，比如弹幕互动、在线问答等，以增加观众参与度。

数字艺术节是一种新型的文化活动模式，集合了艺术展示、专题研讨、互动体验于一体的多元化活动。在艺术节的平台上，艺术家、创作者、学者及观众可以进行实时的交流和分享。艺术节活动的组织者需要策划线上研讨会、互动研习班、虚拟创作坊，以及数字艺术作品的评选与展示活动，为参与者提供一个文化学习和艺术创造的综合平台。在线文化活动在推广之初，需要通过在社交媒体、网络社区、官方网站上广泛宣传，吸引并教育公众如何参与。同样重要的是，确保网络平台的稳定性和可访问性，避免因技术问题影响用户体验。为满足不同观众的需求，活动内容需要提供多样化的选择，并兼顾多语言服务。

在线文化活动的重要性在于通过数字技术，拓展文化艺术的传播渠道，为传统文化活动注入新的活力。它不仅为艺术家和创作者提供了更大的舞台和受众群，也为公众提供了更多元、便捷的文化享受，强化了网络环境中文化的互动和交流。在推动文化创新与传播方面，在线文化活动成为重要的驱动力，有助于促进全球文化的多样性与文化产业的繁荣发展。

四、数字文化技术培训

数字文化技术培训旨在通过组织各类数字技能培训班，提升公众尤其是文化工作者的数字素养，增强其参与和创造数字文化活动的能力。培训内容覆盖了数字媒体操作、网络平台运用、数字内容创作等多个方面，这些技能将使参与者更加自信地应对数字化时代的挑战，积极参与到数字文化的创造与传播之中。数字文化技术培训首先注重基础数字技能的普及。这包括计算机操作基础、网络安全常识、基本的软件使用技能等。此类培训面向所有年龄层的公众，特别是那些与数字技术接触较少的中老年人，以便减少科技鸿沟，使更多人能够无障碍地享受数字化所带来的文化便利。

随着基础技能的普及，培训班将进阶至高级课程，如数字媒体编辑、图像和视频处理、网页设计等。专业的培训机构需提供这些高级课程，帮助那些对数字内容创作有兴趣或需求的参与者学习到更为深入的技术操作知识。此外，关于如何在网络平台如博客、社交媒体中有效传播文化内容的技巧，也是培训中不可或缺的一部分。对文化机构工作者和艺术创作者而言，数字技术培训应更多着眼于如何使用先进的数字工具来创新文化产品和服务。例如，VR 技术和 AR 技术在博物馆和展览中的应用，以及数字化演出、在线艺术教育等方面的内容，这些技能不仅促进了文化产品的多元化发展，也为观众提供了更丰富的文化体验。

为了提升培训班的效果，培训机构需要用实际案例和互动式教学来丰富教学方法，比如通过小组合作、模拟项目实操等方式，引导学员们将理论知识和技能应用到实践当中，从而提高学习效率和效果。同时，也应邀请行业内的专业人士进行经验分享，为学员提供真实的行业洞见和职业规划指导。数字文化技术培训的最终目的是培育一支既懂得文化意义又具备数字技能的人才队伍。通过这些培训，参与者不仅能够在数字化环境中享受文化服务，还能够提高自己的创造力和参与度，成为数字文化传播的积极推动者。长远来看，这将提高公众的文化参与感和创新能力，推动整个文化产业的技术进步与创新发展。

第九章

非遗传承类活动

　　丰富多彩的非物质文化遗产是中华文化的瑰宝，是中华文明绵延传承的生动见证。昆曲、古琴、云锦织造、花儿、皮影戏……品类众多、覆盖领域广泛的非遗依旧闪耀着夺目光彩，是生命力顽强的"活化石"，以独特魅力深深吸引着年轻一代。

民俗节日及活动

中国是一个历史悠久的国家，拥有丰富的传统文化和民俗活动。这些活动展示了中华民族的智慧和才能，传承了民族的精神和文化。

一、中国传统文化民俗活动

（一）春节

春节是中国最重要的传统节日，也是全家团圆、欢庆新春的日子。春节期间，人们会贴春联、放鞭炮、舞龙舞狮、观赏烟花爆竹等，以示欢庆。此外，还有给长辈拜年、给孩子压岁钱、吃团圆饭等习俗。

（二）元宵节

元宵节，又称上元节、小正月、元夕等，是中国传统节日之一。元宵节时，人们会观赏花灯、猜灯谜、吃元宵等。其中，猜灯谜是一项非常有趣的活动，可以考验人们的智力和想象力。

（三）清明节

清明节是春天的一个重要节气。清明节期间，人们会扫墓、祭祖、踏青等。扫墓是为了纪念先人，祭祖是对先人的敬仰和怀念，踏青则是欣赏春天的美景，感受大自然的魅力。

（四）端午节

端午节是中国传统的重要节日之一。端午节期间，人们会举行龙舟比赛、吃粽子、挂菖蒲、艾叶等。

（五）七夕节

七夕节，又称牛郎织女节、女儿节等，是中国传统的爱情节。七夕节时，人们会祈求姻缘、观赏牵牛织女星、编织五彩线等。这些活动都是为了表达人们对美好爱情的向往和祝福。

（六）中秋节

中秋节，又称月圆节、团圆节等，是中国传统的重要节日之一。中秋节期间，人们会赏月、吃月饼、提灯笼等。

（七）重阳节

重阳节，又称登高节、老人节等，是中国传统的老人节。重阳节时，人们会登高赏景、佩插茱萸、吃重阳糕等。这些活动都是为了祝愿老人们健康长寿，享受晚年生活。

（八）腊八节

腊八节是中国传统的重要节日之一。腊八节时，人们会喝腊八粥、祭祀祖先、祈求丰收等。腊八粥是一种寓意吉祥如意的美食，象征着新的一年里五谷丰登、家庭和睦。

（九）除夕

除夕是中国农历年的最后一天，也是全家团圆、辞旧迎新的日子。除夕期间，人们会守岁、吃年夜饭等。这些活动都是为了祈求新的一年里平安吉祥、万事如意。

二、节日庆典活动策划

在人类多彩的文化体验中，民俗节日以其独特的魅力承载着一地人民的历史记忆和文化认同。为维系这一传统的活力，节日庆典活动的策划应致力于挖掘各地的本土特色，尊重其原汁原味的民俗特质，同时注入创新的元素以拓展其现代社会的影响力。

策划工作起始于深度的研究和理解。通过文献回顾与调查，可以深入了解特定民俗节日的起源、变迁、意义与仪式等诸多方面。本着对历史的尊重，策划团队必须精确识别和记录下每一个细节，保证策划活动的文化准确性。依托于深厚的文化底蕴，接下来的步骤是创意构思。策划团队需设计一系列的庆祝活动方案，既要展示传统的仪式和活动，比如民俗游行、传统美食节、民间艺术展示等，又要整合现代的活动形式，如互动体验、主题派对、线上直播等，以此吸引更广泛的参与群体。此外，有效的宣传方案也是活动成功的关键。策划团队应运用现代传媒工具，如社交媒体、网络论坛和公共媒体等，有效传播民俗节日的信息，提升活动的公众关注度。最终，实践阶段的成功执行依赖于精心的组织和井然有序的流程管理。组织者需确保每一个环节都经得起时间考验，每一次庆典都能够传递出深厚的文化内涵，唤起公众对民俗节日的共鸣，从而加强文化自觉和认同感。

这样的策划不仅是对传统的一种致敬，也是对民俗节日未来持久魅力的一种投资，它推动着传统文化从静态的博物馆展览，向动态的民众生活融入，让文化传承的火种世代相传。

三、民俗节日教育推广

在推广民俗节日的教育工作中，普及节日的历史背景和深厚文化意义，不仅是增强文化自信的举措，更是激发文化活力的重要途径。此类推广工作着重于教育和普及，旨在使民俗节日的丰富内涵成为每个人心中的精神财富。

在学校环境中，教育推广活动可以通过课程内容的融入和特色文化周的设置来实现。例如，历史与社会科学课程可包含关于民俗节日的研究单元，让学生通过参与调查、制作报告和展示等环节，理解民俗节日在历史长河中的演变以及它们所代表的文化价值。除正式课程外，举办专题讲座、小组研讨和互动性展览等，也是让学生从积极参与中感知和吸收民俗知识的有效方式。而在社区层面，各类民俗节日活动的组织可加强居民对于节日传统的了解和参与。社区中心可以成立民俗文化研习社，定期举办关于特定节日的主题活动，如摄影展览、文化沙龙和节日习俗的模拟体验。通过集市、研讨会、故事讲述会等形式，允许居民深入探索节日习俗背后的故事，并与邻里共享他们的文化经历。

为加强教育推广效果，可运用现代媒介技术对活动进行记录和传播。制作短视频、纪录片，或是开发互动 App，既能够在视觉与听觉上给予学习者直观的感受，也能为教育推广带来更广泛的影响力。这些媒介资料同时也能用于课堂教学，作为教学资源丰富课堂内容。教育推广不应局限于信息的传递，更要注重经验的传承。因此，在设计教育活动时，需兼顾参与者的体验感受。通过模拟传统制作工艺、节日食品烹饪等实践活动，参与者亲身体验传统文化的魅力，产生深刻的认同感和归属感。

可以说，民俗节日教育推广的最终目标是让每个参与者从中获得文化滋养，增强民族自豪感，并由此带动社会对传统文化的尊重和传承。每个节日不仅仅是历史的回忆，更是活生生的文化实践，它们在学校和社区的传播与实施中，如同流水的波澜，激荡出时代的文化之声。

四、社区参与与互动

在充满活力的社区民俗活动中，居民的参与与互动是文化凝聚力形成的重要因素。社区的民俗节日活动策划团队应主动拓宽渠道，引导并鼓励居民积极投入到节日活动的组织和演绎过程中，进而强化社区内的文化联系，形成共同的记忆和认同。社区居民参与民俗活动可以从策划阶段就开始，让他们在节日庆典的概念和实施环节中贡献意见和想法。这种方式不仅能够激发社区居民的办事热情，还有助于确保活动计划与社区的实际需求和文化特色相符合。通过问卷调查、居民大会或工作坊的形式，收集和整合居民的意见和建议，共同为民俗节日的庆祝活动注入创意和活力。

在节日活动的具体实施过程中，居民可以担任志愿者，参与节日活动的各个方面，如场地布置、活动安排、物资准备等。通过这种实践，居民不仅可以获得组织大型社区活动的经验，还能在为自己的社区作出贡献的过程中感受成就感和自豪感。更重要的是，鼓励社区居民参与到民俗节日活动的具体演绎中，如表演传统歌舞、参与传统游戏等。陈述本地的传说故事，展示手工艺品，甚至是准备和共享传统美食，都是居民可以参与的方式。这些互动模式不仅能够增进邻里之间的相互了解和友谊，还能在社区中传递和强化文化价值。

除了住宅社区，还可以在社区中建立固定的民俗节日活动场所，如文化广场或文化馆，成为居民进行文化交流和节日庆祝的中心。这样的场所不仅可以为居民提供参与民俗活动的空间，还可以成为社区文化建设的永久性设施。除了上述参与途径外，社区还可以采取措施记录和传承民俗节日活动的重要片段。通过摄影、视频记录或社交媒体分享，让活动瞬息的精彩瞬间得以保存和传播。这不仅有利于增加社区外部对民俗活动的认知，也是社区文化传承的有形资料。

五、民俗节日的创新呈现

民俗节日的创新呈现是文化传承的重要途径之一。它旨在保留传统节日的核心精神的同时，引入新颖的表现形式和技术手段，使节日活动更具吸引力，满足现代社会的审美需求和价值观念。实现这一目标，需要策划者与执行者具备创新意识和对当代文化趋势的敏锐洞察力。

在节日的创新呈现过程中，首要步骤是对传统元素进行深入挖掘和研究，了解其文化内涵与历史背景。这一阶段的重点在于捕捉那些能代表节日精神和文化特质的关键元素，如特定的符号、仪式、音乐、服饰或食物等。基于这些核心元素，创新策划可以着手于提出一个既尊重传统又充满现代感的节日活动方案。创新的表现形式可以采取多种多样的手法。例如，传统的节日仪式可以通过现代艺术的视角重新解读，或者利用现代媒体技术和多媒体互动展览进行再现，形成一种新的观看和体验方式。通过这些技术手段，参与者可以更加直观地感受到民俗节日的魅力，同时为文化的传播开辟新的可能。在节日的庆祝活动中融入现代生活的场景与元素，也是创新的重要一环。这可能涉及在节日活动中引入现代音乐、舞蹈和流行文化的元素，或者将节日的传统食物以新颖的烹饪方法和摆盘艺术呈现。创新也可以是在活动中设置互动体验区，让参与者通过现代的游戏和挑战活动去深入理解和体验传统文化。

为了加强创新呈现的效果，可以邀请不同领域的艺术家和创意人士参与到节日活动的策划与执行中。他们的参与将为节日活动带来新的视角和灵感，使传统节日在新的文化表达中焕发出别样光彩。例如，将当代艺术与传统手工艺相结合，或者将传统故事和现代剧场表现方式融为一体，都能为民俗节日带来新的生命力。此外，创新的呈现还需紧跟时代的脉搏，利用社交媒体和数字平台扩大节日活动的影响力。制作节日的短片、纪录片、动画和微电影等形式，不仅能够吸引年轻一代的注意力，还能够将传统文化传播到世界各地，增强人们对民俗节日的全球认知。

总而言之，民俗节日的创新呈现需在尊重传统的基础上，开放包容地吸纳新的文化元素和表现手法。这一过程不仅是对传统文化一个全新的诠释，也是对传统文化活力的一次重要检验。

传统技艺

传承优秀传统文化，弘扬时代创新精神，是推动中华文明创造性转化和创新性发展，激活其生命力的有效手段。新时代的传承，不仅是精湛工艺的延续，更是匠人精神的发扬。而新时代的创新，除了技术水平的提升，更是经营理念的转变。新时代的匠人是继往开来的一代，他们在打磨产品时不仅有责任传承传统技艺本身，更有义务传扬艺术品背后的价值理念和工匠精神，秉持热爱，坚守本心，精雕细琢，追求卓越。传统技艺的传承，需要严格按照工艺程序，认真细致，将品质作为最基础也最核心的要求。

一、传统工艺技能培训

在传统技艺的传承与推广中，举办各类传统工艺技能培训班起到了不可或缺的作用。这样的培训班旨在实现两大核心目标：一是传授纯粹的手艺与工艺技能，让参与者能够亲手制作陶瓷、木雕、编织等传统工艺品；二是深化对这些工艺背后文化内涵的理解，培养出对传统工艺的尊重与热爱。培训的首个阶段必须是对传统工艺的基本知识和基本技能的教授。平衡理论与实践，课程应该设计得既要翔实又要引人入胜。理论部分可以涵盖工艺的历史演变、不同流派的特点、所用材料的性质和来源，以及这些工艺在当代生活中的位置；实践部分则专注于基本技巧的学习，比如陶瓷的塑形、木雕的刻画和编织的基本交错方法，确保每位学员都能在老师的指导下动手操作。培训班的课程设计应注重层次性。对初学者，课程可以着重于简单的造型和技术，如制作一个小碗或简易的编织品。而对经验较丰富的学员，则可以设计更复杂的项目，比如精细的瓷器画工或复杂的木雕结构。这样既可以照顾到不同水平的学习者，又能让他们感受到学习进步的快乐。

为了使传统工艺技能培训班的效果最大化，须招募资深的工艺师傅和专业的教师担任授课人员。他们不仅能够传授技艺，还能分享个人的经验和对工艺文化的个人见解，将传统工艺与生活实践相结合，激发学员的创新思维与设计潜能。另一个关键点是创造一个鼓励创造性和个性化表达的学习环境。虽然传统工艺有其固定的规范和标准，但鼓励学员在掌握了基础之后，发展出自己独特的风格与创作是非常重要的。可以通过组织展览或比赛，为学员提供展示个人技艺和才华的平台。在培训过程中，适当地运用现代技术和媒介也极为重要。例如，采用视频录播，可以让学员回顾和自学某些特定技法；利用社交平台建立讨论群组，能促进学员之间的交流与合作，分享创作心得与作品。

通过这样全方位的培训安排，传统工艺技能培训班不只是简单的技能传授，更是文化理解和创新能力培养的过程。学员不仅能够学会制作传统工艺品，也能更好地理解并推广这些宝贵的文化遗产。最终，通过举办这些培训班，既保持了传统手艺的生命力，又激发了公众对传统工艺的兴趣和支持，对传承和发展无形文化遗产产生了积极而深远的影响。

二、传统技艺展览与展示

在捍卫和纪念传统技艺的不懈努力中，展览与展示不仅提供了一个展现传统技艺成果的平台，更加深了公众对这些技艺文化价值的认可和理解。在博物馆、文化中心等公共文化空间设立专门的展区来展示传统技艺的成果，形成了连接历史与当代、工艺师与观众、教育与欣赏的重要纽带。首先，展览的策划需精心组织，使其不仅是技艺品的展出，更是一个故事和文化的叙事空间。策划者需深入研究每个展出项目的历史和技艺特点，结合技艺品的创作背景、工艺流程和使用习俗，编织出引人入胜的故事线索。通过这些故事，观众可以穿越时空的界限，得以窥见技艺背后的文化深意和匠人的生活世界。在展览设计上，应考虑利用现代设计理念与展示技术来增强观展体验。运用适宜的照明、影像投影、3D 打印复原等手段，可以使展出的工艺品更为栩栩如生，同时为观众提供互动和沉浸式的体验。

高质量的复原与实物展示，不仅展示了技艺成果的美学价值，也让技艺的制作过程一目了然，为观众带来全方位的教育体验。

除了传统技艺品的实物展出外，展览还应当包括传统工艺制作过程的实时演示或工作坊。请来技艺大师现场展示精湛的工艺，让观众近距离观察并参与某些简单工序的体验，这种互动将使受众对工艺产生更深层次的感知，激发他们对传统技艺的好奇心和兴趣。为将展览效果推广至更广泛的社会范围，还可以采用数字媒体和虚拟技术进行工艺展示。建立在线虚拟展览，配合交互式网站、社交网络活动，能够使不同地域和年龄层的人们都有机会接触和了解传统技艺。这种方式不仅拓宽了文化传播的界限，还为难以亲临现场的观众提供了便利。

在展览的后期，应组织相关的讲座、研讨会或论坛，这是对展览教育价值的进一步深化。通过吸引学术界、行业专家或热爱传统工艺的公众参与，展览得以成为知识传播、观点交流、技艺创新的场所，提供了探讨技艺保护与发展的机会。这样的互动讨论可进一步推动对展示内容的深入理解和批判性思考。而针对年轻一代，可以设计互动指南和教育材料，如以传统技艺为主题的解谜游戏、寻宝活动或手工艺品制作教程。这种教育资源可以帮助年轻人在娱乐中学习，建立起对传统技艺的情感联结，同时激励他们思考如何将传统与现代结合，探索工艺品在今天社会中的新应用。

通过在博物馆和文化中心举办传统工艺技能的展览与展示，不仅能够展示技艺的历史和美学价值，更重要的是能够搭建起艺术家与公众之间的沟通桥梁，培养人们对传统技艺的倾慕与尊重，促进社会对非物质文化遗产价值的再认识，为其未来可持续发展奠定坚实的社会基础。

三、非遗传承人才支持

在传统技艺传承的征程中，非遗传承人才承担着历史的重责大任，不仅要保留珍贵的传统技艺，还要将其普及和发扬光大。因此，应积极探索和实施一系列针对非遗传承人才的支持措施，以确保这些活文化宝库得以延续并焕发新生。

资金补助是对非遗传承人才所做支持的重要一环。政府部门、文化机构和社会团体设立专项基金，为非遗传承人的日常工作、研究项目、教学活动或创新尝试提供必要的经济援助。这些补助可以帮助他们更好地集中精力于技艺的深化和研究，减轻经济压力，使他们能在最佳的状态下传承和弘扬传统技艺。另外，为传承人提供工作室或工艺坊等实体空间，是另一种重要支持方式。这些空间不仅能用于日常的创作和技艺研磨，还能作为教学和展示的场所，让公众和各界人士亲身体验和观察技艺的传承过程。工作室还可以成为非遗项目的创新实验室，促进传统工艺与现代设计的结合，探索其在现代社会的新应用。

为了保障非遗传承人才的来源，建立非遗技艺传承的人才培养计划也至关重要。这一计划应涵盖从年轻学徒到有志于成为独立传承人的专业人士的不同阶段，通过师徒结对、工作坊教学、学者指导等多层次、多形式的培养方法，激发新一代对传统技艺的兴趣，并为他们提供学习和实践的平台。考虑到市场与生活环境的变化，支持传承人才的创业引导和市场开发也非常必要。通过提供市场分析、产品定位、品牌打造等专业咨询服务，帮助传承人将传统技艺制作的工艺品推向市场，找到合适的经济模式和销售渠道，将传统工艺品转变为可持续经营的文化产品。最终，创立荣誉和奖励制度，表彰对非遗传承作出杰出贡献的人才，也是激励和鼓舞传承人的方式之一。通过颁发荣誉称号、设立奖学金或赏金，社会各界可以明确地肯定和鼓励那些为保护、传承和创新传统技艺不懈努力的个人或团队。

这些综合性的支持措施，不仅能够帮助非遗传承人才解决实际遇到的问题，还可以鼓励他们在技艺传承的道路上持续探索和创新。这些措施最终将促进传统技艺在全社会得到更广泛的认识、尊重和发扬，为非物质文化遗产的永续发展铺平道路，使之在现代社会中继续展现生命力。

四、传统技艺与现代市场的结合

在当今快速发展的市场经济和全球化背景下，传统技艺如果仅仅局限于保守的工艺范畴，很难与现代消费者的需求相契合，因而亟须与现代市场相结合，以实现其价值的最大化并确保其长远的生命力。将传统技艺融入现代生活，不仅是一种文化创新，也是一种对传统价值的再经济解读，它要求我们重新审视传统工艺在当代社会的定位和功能。

首先，需要对传统技艺产品进行现代设计的重新包装和革新。这将涉及与设计师和艺术家的合作，将传统技艺与现代设计理念和元素结合，打造出既有文化传承价值，又符合现代审美和实用性的产品。这些产品能够满足现代消费者对品味、功能性与文化内涵的双重追求，增加市场的吸引力。其次，我们应该积极探索新的销售渠道和营销策略。电子商务平台、文化主题店面、工艺品市集、时尚展会等多元化的销售途径，能够帮助传统技艺产品更好地接触到不同消费群体。结合有效的网络营销策略，利用社交媒体、网络广告、KOL 合作等手段进行品牌宣传，可以增加传统技艺的可见度和影响力。开拓国际市场也是传统技艺产品现代化的关键途径。在全球化的市场中，传统技艺以其独特性和文化价值具有巨大的吸引力，吸引外国消费者的同时，也能促进文化的交流与传播。参加国际工艺品展览、文化节、设计周活动，加强海外营销与推广，可以为传统技艺产品赢得国际认可。

除了外部市场策略的调整，强化内部价值链管理也是至关重要。优化生产流程、提升工艺水平、倡导可持续发展的生产方式，都是提升传统技艺产品市场竞争力的内在要素。同时，重视工艺传承人的技艺发展与个人品牌建设，可以增进市场对传统工艺产品的认同感。最后，建立完善的消费者教育和服务体系，告知消费者传统技艺的文化背景、制作工艺和保养方法，提高消费者对于传统技艺产品的认识和欣赏，也是推进其市场化的重要环节。通过各种消费者体验活动、工艺体验工坊、互动式展览等方式，为消费者提供深入了解和体验传统技艺的机会。

在这样多维度的策略推动下，传统技艺能够与现代市场实现更加和谐的融合。这种结合不仅有助于传统工艺得到现代生活的赋能，更为传统技艺的可持续发展提供了新的机遇和可能。通过不断的努力与创新，传统技艺产品将能在现代市场上彰显其独特价值，吸引着一代又一代的人们，使得传统技艺成为现代生活中不可或缺的一部分。

传统戏曲

中国戏曲是中国传统的戏剧艺术形式，是一种包含文学、音乐、舞蹈、美术、杂技、武术以及人物扮演等各种因素的综合艺术，是流行于中国境内的大剧种（如京剧）和各种地方戏（如吕剧、评剧、湘剧、花鼓戏等）的统称。它的特点是将众多艺术形式以一种标准聚合在一起，在共同具有的性质中体现其各自的个性。中国的戏曲与希腊悲剧和喜剧、印度梵剧并称为世界三大古老的戏剧文化，经过长期的发展演变，逐步形成中华戏曲百花园。

一、戏曲知识

中国戏曲剧种种类繁多，据不完全统计，中国各地区地戏曲有360多种。其中"京剧、越剧、黄梅戏、评剧、豫剧"为五大戏曲剧种。

京剧，又称平剧、京戏等，是中国影响最大的戏曲剧种，分布地以北京为中心，遍及全国各地。京剧在文学、表演、音乐、舞台美术等各个方面都有一套规范化的艺术表现形式。京剧的唱腔属板式变化体，以二黄、西皮为主要声腔。京剧伴奏分文场和武场两大类，文场以胡琴为主奏乐器，武场以鼓板为主。京剧的角色分为生、旦、净、丑、杂、武、流等行当，后三行已不再立专行。各行当都有一套表演程式，唱念做打的技艺各具特色。京剧以历史故事为主要演出内容，传统剧目1300多个，常演的在三四百个。

越剧有"第二国剧"之称，又被称为"流传最广的地方剧种"。有观点认为，越剧是"最大的地方戏曲剧种"，在国外被称为"中国歌剧"。越剧发源于浙江嵊州，发祥于上海，繁荣于全国，流传于世界，在发展中汲取了昆曲、话剧、绍剧等特色剧种之大成，经历了由男子越剧到女子越剧为主的历史性演变。越剧长于抒情，以唱为主，声音优美动听，表演真切动人，唯美典雅，极具江南灵秀之气；多以"才子佳人"题材为主，艺术流派纷呈，公认的就有 13 大流派之多。

黄梅戏，原名黄梅调、采茶戏等，起源于湖北黄梅，后发展壮大于安徽安庆。是由山歌、秧歌、茶歌、采茶灯、花鼓调，先于农村，后入城市，逐步形成发展起来的一个剧种。它吸收了汉剧、楚剧、高腔、采茶戏、京剧等众多剧种的因素，逐渐形成了自己的艺术特点。黄梅戏唱腔淳朴流畅，以明快抒情见长，具有丰富的表现力；表演质朴细致，以真实活泼著称。一曲《天仙配》让黄梅戏流行于大江南北，在海外亦有较高的声誉。

评剧，流传于中国北方，是汉族传统戏曲剧种之一，是广大人民所喜闻乐见的剧种之一。清末在河北滦县一带的小曲《对口莲花落》，先是在河北农村流行，后进入唐山，称"唐山落子"。评剧有东路、西路之分，而以东路评剧为主。20 世纪 20 年代左右流行于东北地区，出现了一批女演员。20 世纪 30 年代以后，评剧表演在京剧、河北梆子等剧种影响下日趋成熟，出现了李金顺、刘翠霞、白玉霜、喜彩莲、爱莲君等流派。

豫剧，发源于中原（河南开封），是我国最大的地方剧种。豫剧是在河南梆子的基础上不断继承、改革和创新发展起来的，以唱腔铿锵大气、抑扬有度、行腔酣畅、吐字清晰、韵味醇美、生动活泼、有血有肉、善于表达人物内心情感著称，凭借其高度的艺术性而广受各界人士欢迎。因其音乐伴奏用枣木梆子打拍，故早期得名河南梆子。据文化部统计，除河南省外，湖北、安徽、江苏、山东、陕西、山西、河北、青海以及新疆、台湾等省和自治区都有专业豫剧团。

吕剧，是山东的地方戏，它是在山东琴书的基础上发展演变成为一个剧种的。大约是在 1900 年冬，山东广饶琴书艺人时殿元借鉴京剧艺术形式，第一次将琴书段子《王小赶脚》改为化妆演出，引起轰动，这便是吕剧最初的表演形式。如此说来，吕剧这个地方剧种迄今已有百年历史了。吕剧的表演形式以唱为主，以说为辅,具有独特的艺术风格和地方特色。吕剧的唱腔以"吕剧调"为主,以"琴腔"为辅,演唱时使用当地方言,具有浓郁的乡土气息和亲和力。吕剧的表演内容丰富多彩,题材广泛。既有传统剧目,如《李二嫂改嫁》《王定宝借当》等,也有现代剧目,如《苦菜花》《红嫂》等。这些剧目反映了社会生活的方方面面,深入人心。

二、戏曲艺术的特征

戏曲艺术的三大特征是综合性、虚拟性、程式性。

一是综合性:中国戏曲是一种高度综合的民族艺术。这种综合性不仅表现在它融汇各个艺术门类(诸如舞蹈、杂技等)而出以新意方面,而且还体现在它精湛涵厚的表演艺术上。各种不同的艺术因素与表演艺术紧密结合,包括舞蹈、音乐、美术、诗歌、杂技、武术等,通过演员的表演实现戏曲的全部功能。

二是虚拟性:虚拟是戏曲反映生活的基本手法,它以演员的表演,用一种变形的方式来比拟现实环境或对象,借以表现生活。中国戏曲的虚拟性首先表现为对舞台时间和空间处理的灵活性方面,"三五步行遍天下,六七人百万雄兵",就是典型的虚拟性。

三是程式性:程式是戏曲反映生活的表现形式。它是指对生活动作的规范化、舞蹈化表演并被重复使用。程式直接或间接来源于生活,但它又是按照一定的规范对生活经过提炼、概括、美化而形成的。

综合性、虚拟性、程式性,是中国戏曲的主要美学特征。这些特征,凝聚着中国传统文化的美学思想精髓,构成了独特的戏剧观,使中国戏曲在世界戏曲文化的大舞台上闪耀着它的独特的艺术光辉。

二、传统戏曲培训班

传统戏曲作为一种独特的文化遗产,其艺术魅力和历史价值不仅仅停留在舞台之上,更深入人心,成为民族文化的重要组成部分。为了永葆这一传统艺术形式的生命力、加强社会公众对传统戏曲的认识与了解,开设面向社会各界群众的戏曲培训班显得尤为重要。这样的培训班旨在传授基本的戏曲表演技巧，讲授相关的戏曲文化和历史知识，让更多的人有机会接触并学习这门传统艺术。培训戏曲的基础表演技巧始于对身体的训练。学员将学习戏曲中基本的身段、手势、步伐以及眼神的运用，这些是戏曲表演的基石。专业的戏曲教师会教授正确的身体姿态和运动技巧，以确保学员能逐步掌握戏曲表演的基本要求。随着技巧的提高，学员还将了解如何将身段、手势和步伐融入表演，创造连贯且富有表现力的动作语言。

戏曲表演远不止是身体动作的展现，声音和唱腔的训练也是传统戏曲培训的关键内容。通过声音教学，学员们将学到如何运用腹部呼吸来支持声音，并学习不同角色的行当特点和唱腔风格。戏曲唱腔不仅包含了丰富的情感，也蕴含着深厚的文化内涵，因此，培训中还会涵盖如何理解戏曲歌词的文学和历史背景，以及如何在演唱时传递这些内含的情感。此外，戏曲知识的学习不仅限于表演层面，还涉及戏曲的文化与历史。培训课程应包含戏曲的起源、流派发展、剧目解读、经典收藏以及戏曲在中国文化中的地位等方面的知识。这有助于提升学员们的文化素养，培养对戏曲艺术的深厚情感和文化认同。

在实践教学中，戏曲培训班还可以采用师徒传授、角色扮演、现场互动等多样化的教学模式，激发学员们的学习兴趣，提高他们的参与度和实践能力。最终，通过定期的展演、观摩和交流，学员们可以在舞台上测试自己的学习成果，并收获现场观众的反馈，这对于他们的学习进步和自信心的培养是非常重要的。

三、戏曲进校园

戏曲进校园是一个宝贵的教育项目，旨在将传统戏曲的精髓与美感带入学校教育体系。这一项目不仅是对学生进行艺术教育的重要部分，也是传承和普及中国传统文化的关键。将戏曲引入学校课程，不仅可以提高学生对传统戏曲的认识和欣赏能力，也能在年轻一代心中播下文化的种子，激发他们对于民族艺术的热爱。

项目实施的首要步骤是将戏曲知识和表演技艺融入学校的艺术课程中。通过讲座、示范表演、互动研讨等形式，让学生们在寓教于乐的氛围中了解戏曲的历史渊源、表演特点、剧种分类及其文化内涵。这些活动旨在启发学生的想象力和创造力，提升他们的文化素养和艺术鉴赏能力。结合戏曲特色的教育课程设计，学生将有机会学习基础的戏曲表演技巧，如唱、念、做、打等基本功，以及戏曲表演中的身段、手势和表情等元素。从基础教学开始，逐步引领学生体验戏曲艺术的魅力，并鼓励他们在实践中学习和体现戏曲艺术的精神。

为了更深入地推广戏曲文化，学校可以邀请戏曲艺术家和传承人进入课堂，为学生提供直接的交流和学习机会。专业艺术家的介入不仅可以带来更权威的教学体验，同时也使学生能够亲身感受戏曲艺术的魅力，通过师傅的指导来深化对戏曲艺术的理解。除了课堂教学，丰富多样的戏曲相关活动同样不可缺少。学校可以组织戏曲欣赏会、戏曲角色扮演比赛、戏曲剧目的学校版上演等，通过这些实践活动增进学生参与感和体验感，进一步加深对戏曲艺术的热爱。此外，学校可以与当地戏曲团体建立伙伴关系，定期安排学生观摩戏曲表演，甚至参与后台的准备工作，让他们了解戏曲表演的全过程，从而更全面地认识和理解这门艺术形式。

透过戏曲进校园计划的实施，学生不仅可以学习到丰富的艺术知识，也能够在学习过程中获得个人成长和发展。戏曲不再是遥远的传统或是书本上的知识，而是活生生的艺术表现，在学生们心中留下难忘的印记。通过这种方式，戏曲这份宝贵的文化遗产得以在年轻一代中继续传播和延续，成为他们心中不可磨灭的文化瑰宝。

四、戏曲保护与数字化

在信息技术迅速发展的当今时代，运用现代数字化技术对传统戏曲资料进行保护和存档，不仅可以有效地对这一非物质文化遗产进行长期保存，还能易于未来的获取和研究。将戏曲资料的数字化作为保护戏曲遗产的重要措施，是对传统文化传承方式的创新，同时为戏曲艺术的普及和推广提供了新的途径。

数字化存档过程首先是对戏曲的各个方面进行全面的搜集与记录，包括经典剧目的剧本、表演的视频记录、名家的讲解与解说、艺术家的采访以及相关的乐谱和伴奏资料。这些内容的数字化处理需要专业团队的密切合作，确保录音录像的高保真质量，并运用先进技术手段对其进行编辑与整理，使信息的电子形式存档耐久性强、易于检索。在实践操作中，可以结合人工智能与机器学习技术，提取剧目中的关键动作和表演特征，形成详尽的动作数据库，以供未来的艺术家学习和参考。同时，对于戏曲的音乐部分，可以通过专业音频软件对曲调、节奏和器乐伴奏进行数字化编码，便于曲谱的复原和演奏。

数字化不仅提升了戏曲资料管理的便利性，也提供了更广阔的传播途径。通过网络平台，戏曲知识和资源可以跨越地域限制，为全世界的观众所了解和欣赏。学者和研究机构可以通过在线数据库进行学术交流，共享研究成果，推动戏曲研究的发展。数字化保护工作的进行还需要法律法规的支持和标准制定。制定相应的版权保护政策，确保数字化成果的正版授权和使用，同时建立健全的版权保护体系，促进数字化资源的合理利用和持续更新。

综上，将现代数字化技术应用于戏曲资料的保护和存档，是一个多维度的工程。它不仅需要从技术层面入手保证数据的质量和可存取性，还需要站在法律、教育、文化传播等多个角度进行系统考虑和布局。数字化的成果将最大限度地发挥其价值，为戏曲艺术的长远延续和活态传承提供坚实基础，使其在数字时代焕发新的生机与活力。

五、传统戏曲的现代演绎

在传统戏曲传承与发展的历程中，如何促使这一艺术形式适应现代社会的审美和文化，特别是吸引年轻一代的关注，是一项挑战与机遇并存的课题。传统戏曲的现代演绎着眼于创新其演出形式，通过融入现代元素和创新思维，赋予古老艺术新的生命力，使之能够更好地与当代观众产生共鸣。

首先，创新传统戏曲的演出形式需要在尊重原有艺术框架的基础上突破传统，这可以从剧目的选择、表演的方式到舞台设计等方面进行尝试。选择与现代生活有关的主题及剧情，将戏曲的古典故事与现代社会相结合，能够让观众更易于产生共鸣。另外，为戏曲注入现代表演艺术的元素，如多媒体技术、现代舞蹈、流行音乐等，能够让戏曲演出更加立体和生动，拓宽其艺术表达的维度。其次，现代演绎还要强调与观众的互动性，创造一种全新的观赏体验。这可以通过互动式的舞台设计、观众参与的剧情发展等方式实现。例如，利用现场投票决定剧情走向，或是在演出中邀请观众上台体验戏曲表演，为观众提供不仅仅是观赏的机会，更是一次深度参与和体验的过程。此外，将戏曲演出与现代营销和传播策略结合起来，也是吸引年轻观众的重要方法。利用社交媒体、短视频平台发布与戏曲相关的有趣内容，或是通过网络直播的方式展示戏曲演出的幕后制作过程，能有效抓住年轻人的注意力，并引导他们对戏曲产生兴趣。同时，组织戏曲相关的文化活动或节日，如戏曲主题的快闪活动、戏曲文化节等，能进一步增强公众对戏曲艺术的关注。

为了让戏曲艺术与年轻观众产生更深入的联系，还可以在学校教育中引入戏曲知识和欣赏课程，让年轻一代从小接触和了解这门艺术，培养他们的文化认同感和艺术鉴赏力。同时，鼓励年轻艺术家和学者参与到戏曲的现代演绎过程中，以他们独特的视角和创意，为传统戏曲融入新的思想和创新元素。总体而言，传统戏曲的现代演绎是一个复杂且富有创造性的过程。它涉及艺术形式的创新、传播渠道的拓展以及文化教育的深化。通过多维度的努力，传统戏曲可以以更加生动和现代化的形象出现在公众视野中，激发新一代的兴趣和参与，让这门古老的艺术形式在现代社会中继续闪耀其不朽的光芒。

传统体育

中国式摔跤、跳绳、拔河等传统体育项目，曾给国人留下许多难忘的记忆。随着社会经济发展，人们的健康意识不断提高，这些传统体育项目焕发新的活力，成为人们喜闻乐见的健身方式。与此同时，部分传统体育项目作为传统文化的一部分，走出国门，让世界认识到中国传统体育的魅力。

一、传统体育项目

传统体育是我国民族文化的一部分，每一个传统体育项目都是一种精神的象征。现如今传统体育项目能在大众视野里活跃起来，并得到所有人的喜爱，同时还代表着国家的形象站在的世界的舞台上，这是传统体育项目展现新活力的开始，令人欣喜。对于热爱体育项目中国摔跤的人来说，是不忘记民族的魂，是对于其内在本质以巧破千斤的领悟和痴迷，同时还可以强身健体，有更好的精神面貌过好每一天的生活。更重要的是，让传统体育跳绳项目站在世界舞台上的学生，既彰显着我们国家的文化传承，也在世界体育的舞台上展现中国体育的欣欣向荣，让这些站上世界舞台的孩子们看见了更广阔的世界。

不仅仅是这两个项目，所有的传统体育项目都是一种精神的传承，是地域文化，是民族文化，是中国人应该放在骨子里的内涵。在未来的健康中国之路上，但愿传统体育能够发挥出更大的作用，每一个人都能够在国家的号召和带领下，发扬好传统体育精神，在传承与创新的基础之上，让传统体育服务于我们的祖国建设。

二、中国传统体育文化的基本特征

（一）注重伦理与道德

至善道德的追求强制性的成为中国人的主体需要，不但扼杀了个体的生机，还使中国古代早期出现的一些体育活动的竞技性，渐趋弱化。如蹴鞠、射术、手搏等。历代相传的重义轻利价值观，反映在体育上即是崇尚体育伦理价值，而贬低体育的实用价值，但另一方面，它能规范人们的社会生活行为，平和社会气氛。

（二）注重和谐与统一

中国传统的一切活动必须以伦理道德标准为前提，统一在和谐的文化氛围中。身心统一观，体现在传统养生文化中，对人体健康的认识至今仍有积极意义。

（三）注重实际与稳定

在体育文化活动表现形式上，多以个体的、娱乐性的、技艺性的、表演性的项目为主，而对抗性的、竞争性强的、集体性的、身体接触多的项目较少。这种形态的竞技运动与风靡全球的现代竞技运动相比，主要差别在于缺乏竞争性和开放性。

（四）注重理性与人文教养

中国体育文化，重视对身体之外的拓展价值，重视对集体和社会的意义，忽略体育文化的本身，重视的是体育文化中的理性思辨，而忽略实际操作。传统体育文化具有顽强的生命力和凝聚力，具有鲜明的主体性和整合性，与其他文化互相结合，比如舞龙、武术，既有观赏性，又能强身健体，是提高精神生活的有益运动。

二、传统体育项目推广

传统体育项目作为中华民族悠久文化的重要组成部分，蕴含着深厚的历史价值和独特的民族精神。对这些项目的推广，不仅能够增强民族体育的生命力，还能促进文化交流，提升公众健康意识。在此背景下，系统性地组织展示与体验活动显得尤为关键。通过筹办正规赛事和表演活动，武术、摔跤、龙舟等传统体育项目得以广泛展示其技巧和艺术价值。赛事不仅可以展现竞技体育的激烈与精彩，亦是展现传统项目文化内涵和精神风貌的舞台。此外，体验活动如武术工作坊、摔跤体验日、龙舟节，能够让公众亲身参与，感受传统体育的魅力，增进对这些项目的了解和兴趣。

传统体育项目的推广还需要得到媒体的支持和宣传。通过电视节目、网络视频、社交媒体等多渠道的报道，传统项目的丰富多彩和深远意义得以传向社会的每一个角落。利用现代技术手段，如利用自媒体进行互联网直播，可以打破地域限制，吸引全球观众的目光，扩大传统体育项目的影响范围。传统体育项目在教育体系中的融入同等重要。将武术、摔跤、龙舟等项目纳入学校体育课程，鼓励学生从小培养对传统体育的兴趣和爱好，是培育未来传承人的有效途径。此举不仅有助于青少年身体素质的提高，还有利于他们从小树立正确的体育竞技观和民族自豪感。

传统体育项目推广的多维度策略相互配合，形成了一个旨在弘扬民族体育文化、提升公共健康意识的综合计划。通过赛事组织、公众体验、媒体宣传以及教育融合，这些项目不仅在国内获得人们的认可，也将逐渐在国际上发挥其独有的文化吸引力，促进体育事业的全球化发展。

三、传统体育赛事

在传统体育项目的振兴和传承中，赛事的举办扮演着至关重要的角色。它们不只是竞技活动的集结点，更是文化交流与教育的重要平台。对于提升传统体育项目的知名度和参与度，精心策划和组织各项传统体育比赛显得尤为关键。

为确保赛事的成功举办，一个完备的赛事体系与清晰的组织流程是基础。这涵盖了比赛项目的确定、赛程的规划、规则的制定和参赛队员的选拔等诸多要素。对于项目选择，应因地制宜，重点推广具有本地文化特色和群众基础的传统体育项目，同时鼓励地区之间的体育交流，促进各地传统体育项目的相互了解和学习。

每项比赛的筹备工作都要精细入微，包括场地布置、设施准备、安全保障等，保证运动员能在最佳条件下展现他们的技艺。形成有效的宣传推广战略，通过报纸、广播、电视和网络等多媒体渠道，提前发布赛事信息，为赛事营造氛围，吸引观众的注意与兴趣。

赛事的举办更要注重文化内涵的展现。通过开幕式、闭幕式及赛事间隙的文化演出，向参与者和观众展现丰富多彩的民族文化元素。这些文化表现不仅能丰富赛事内容，更有助于提升观众对传统体育项目的理解和认同，增加他们的参与度和观赏体验。此外，为了进一步提升传统体育项目的知名度和吸引力，可以设立奖项和荣誉，激励运动员和团队的参与热情。同时，通过与国内外体育组织和机构的合作，邀请外地或国际选手参赛，不仅提高了赛事的竞技水平，也增强了赛事的国际影响力。将赛事成果和精彩瞬间通过现代信息技术进行直播或录播，让无法到现场的人们也能感受到赛事的魅力和激情。互联网和社交媒体的运用，在年轻群体中传播比赛的精彩瞬间和背后故事，可以有效提升项目的知名度，激发更多人对传统体育项目的兴趣和参与欲望。

最终，这些努力汇聚成对传统体育项目可持续发展的支持。赛事的频繁举办和专业化管理，为传统体育项目构建了一个展示自身魅力、促进广泛参与、加深文化理解的多功能平台。通过这种方式，传统体育不仅在国内生根发芽，还能在国际舞台上绽放光彩，成为世界了解和尊重的文化瑰宝。

四、传统体育项目的社区融入

传统体育项目的融入社区，意味着将体育精神和文化价值直接带入居民的生活圈。借助公园与社区中心这些公共空间，有效地推广项目如太极拳、武术、象棋、围棋等，不仅使传统体育活动更加易于接触，也极大地促进了居民之间的社交和文化交流。

实施策略首先聚焦于充分利用公园和社区中心的开放性和可达性。例如，在公园中举办太极拳或武术的早晨集体练习，吸引过往行人加入，同时提供专业指导，确保参与者能够体验到锻炼的乐趣与技能的提升。社区中心可定期组织交流活动，比如象棋和围棋竞赛，邀请不同年龄段的居民参与，从儿童到老年人都能找到乐趣和挑战。此外，社区融入传统体育项目还应注重活动的多样性和包容性。为了有吸引不同背景和兴趣的居民，设计一系列覆盖不同传统体育项目的活动日程。这可以是定期的技能工作坊，亦可以是节假日的特色体育活动和展览，甚至是新居民交流和迎新活动的互动环节。此外，为了增强社区对传统体育项目的认同感和参与热情，可联合当地文化、教育和体育部门共同推广。通过墙壁绘画、地面彩绘等艺术形式，将传统体育意象融入社区环境设计之中，营造浓厚的文化氛围。配合这种视觉艺术，还可通过社区广播、小报、线上社群等多种渠道，及时发布活动信息和传统体育知识，使其成为社区文化的一部分。培养和选拔社区内的传统体育爱好者和志愿者担任活动的组织者和传播者，是保障这些活动长期有效运行的关键。他们不仅能够确保活动的质量和安全，还可以通过个人的热情和影响力，鼓励更多居民加入和坚持参与。

传统体育项目在社区的推广和融入需结合公共空间与社区资源的合理规划和利用，通过一系列具有文化特色、形式多样的活动设计，激发居民的参与兴趣，并通过这一过程加强文化认同感，为传统体育的长远发展奠定稳固的社区基础。

五、传统体育文化的研究与传播

培养对传统体育文化的学术兴趣和公众认知，不仅需要在实践层面的推广，更离不开理论研究和文化传播的深化。通过学术研究、资料整理以及多媒体内容的制作与出版，传统体育文化的价值得以系统化地挖掘和广泛地传播。

对于传统体育文化的研究，学术界应注重田野调查与文献收集的并重。历史文献、口述历史、技艺传承等方面的深入研究，是准确理解和传播传统体育文化的基础。学者需要对传统体育项目的起源、发展、技艺变化、竞技规则以及与社会文化的关系等进行全面系统的探究，形成专业的研究成果。随后，将这些研究成果通过出版专著、编纂百科、撰写论文等方式呈现给公众和学术圈。书籍的出版尤为关键，它不仅是知识传递的载体，更是传统文化得以静态保存的方式。图书应该包含丰富细致的图片、图表，以及清晰详细的文字解说，使读者能够直观地了解技艺，并对传统体育文化产生兴趣。

制作视频和纪录片则是传统体育文化传播的另一强有力的途径。通过视觉影像，将传统体育项目的动态美、技艺细节美以及背后的文化意蕴生动地展现出来。通过电视、互联网、手机应用等媒体平台的广泛传播，视频内容的影响力远超传统书籍，尤其在年轻一代中有极高的接受度。此外，还可利用展览、讲座、研讨会等形式，把传统体育文化的研究成果带给更广泛的群众。在博物馆、图书馆、学校及社区中心等公共文化场所，定期举办关于传统体育主题的展览和交流活动，为公众提供面对面了解并探讨传统体育文化的机会。

数字媒体时代，充分利用网络资源，建设专门的传统体育文化网站或社交媒体账号也非常必要。这些平台可以实现实时的交流互动，发布最新的研究成果和活动信息，使得传统体育文化的学术和社会价值在虚拟空间得到传播和升华。通过出版、视频制作及线上线下的多渠道传播，传统体育文化的深入研究和广泛传播成为可能。这不仅为传统体育文化的保护提供了理论支撑，更为其在当代社会的生存和发展增添了活力和影响力，使文化内涵得以在时间的长河中不断被发现和重塑。

传统知识技能

传统知识的存在和使用已经历了漫长的岁月，与人民的生活息息相关。如传统医药满足了不少民众的健康需求，甚至往往也是他们唯一负担得起的医疗方式。此外，传统知识还是各种民族风俗的表达形式，如音乐和手工艺品的源泉。

一、知识的层级

一是哲学，包括本体论、认识论、方法论、道德论、美学等。这部分知识用来帮助我们建立正确的世界观、人生观，掌握解决问题的基本方法论。推荐阅读哲学如《西方哲学史》《纯粹理性批判》《康德哲学问题》《刘擎现代思想史讲义》。建议读朱光潜的《西方美学史》，以及《科学哲学》《谈谈方法》等。

二是基础科学常识，包括自然科学、认知科学、心理学。建议读牛顿的《自然哲学之数学原理》、达尔文的《物种起源》、霍金的《世界简史》系列，订一份前沿科学研究的杂志。

三是有关社会学基础知识：人文、历史、政治、经济常识等。可读《世界通史》《历史研究》《财富论》《资本论》《人的行为》《金融学讲义》等。

四是企业等组织管理学。建议读德鲁克的《认识管理》《旁观者》等。

五是专业技术知识。这部分知识是实现财务自由的根本。

六是关于艺术的知识，大部分是滋养心理的。如音乐、摄影、文学等。可读《艺术的故事》《艺术哲学》等。

传统知识的保护具有重要意义：一方面，可以保护和保存传统文化及生物多样性；另一方面，可以促进传统知识的创新、开发利用传统知识，避免未经许可的开发使用。在学者的众多讨论中，知识产权制度与专门制度在传统知识保护中的价值与作用及其局限性无不得到学者们的广泛关注，并对传统知识保护的国家以及国际立法产生重要的影响。

二、传统知识的特征

传统知识应具有如下基本特征。

（一）整体性

传统知识的起源，是原住民或传统社区居民基于日常生活上与环境的互动所产生的观念，这样所形成的知识是整体的，并且经常是经由观念的传递，集体演绎而成。传统知识大多是由非系统化方法所产生，是对环境所造成挑战的响应，并经过不断尝试的方法所产生。

（二）多样性

该特征反映的是传统知识传承方式和表现形式的特质，即先辈往往采取口头或亲身示范等方式把自己掌握的传统知识传授给后辈，其表现形式既有固化的，也有非固化的，如口头表达等。

（三）适应性

传统知识是人类为适应环境所产生，因此在环境的变迁下，传统知识并非静止的，而是动态的。因此所谓传统，并非一定指过去的知识，而是指该知识产生的方式是"传统的"。

（四）传统知识的创作者经常无法考证

许多传统知识由于是长期集体的创作所产生，而且其过程缺乏文字记载，因此常无法认定知识的创作者。

（五）传统知识常归属于某个特定居住地域的居民

特定的传统知识经常是创新、保存于较为封闭的社会，为特定地区的居民所共有，或者某地区的个人或少数人所拥有。

二、传统医药知识普及

传统中医药知识作为中华文化宝库中的重要组成部分，历经千年的积淀与发展，蕴含着深邃的医学理论和临床经验。在当代社会，普及传统医药知识，不仅重要于维护民族文化遗产，亦在于推动公众健康意识的提升。因此，积极组织关于中药、针灸等传统医药知识的讲座和培训，成为必要的文化与健康促进活动。

中药普及讲座应以中药的源远流长为起点，介绍中药的历史与发展，阐释其理疗原理与使用方法。此类讲座需邀请传统医药领域的专家学者，对中药材的辨识、配伍、炮制以及功效作全面系统的介绍。同时，通过现场演示或互动环节，加强听众的参与感和体验性，让公众能够直观地学习到中药的实际应用。针灸培训则需强调其操作的专业性和安全性。培训中，专业医师应传授针灸的基本知识、主要穴位以及操作方法，通过模拟演练使参与者掌握针灸的基础手法。同时，培训应重点强调在专业指导下进行针灸实践的重要性，避免自行操作带来的健康风险。除了针对成人的普及讲座和培训外，通过与学校合作开展青少年传统医学教育同样重要。设计适合青少年认知水平的传统医药课程，既满足其好奇心，又能激发他们对传统知识的兴趣，从而在年轻一代中培育对传统医药的尊重和传承的意识。

为了达到更广泛的普及效果，可以借助网络平台和多媒体技术扩大讲座和培训的传播范围。通过线上直播讲座、制作教学视频、开设网络课程等形式，使得传统医药知识不受地域限制，让更多有兴趣的人可以方便地接触和学习。

三、传统生计技能的复兴

传统生计技能不仅是民族文化的一部分，更是先人们与自然和谐相处的智慧凝结。在快速现代化的浪潮中，许多传统生计技能逐渐边缘化或面临失传的威胁。着眼于这些技能的保护和传承显得尤为重要，包括但不限于农业种植技术、制陶技艺以及其他被列入非物质文化遗产的手艺。对于传统种植技能的复兴，应当强调农业可持续性和生态平衡的重要性。传统种植不仅涉及作物的栽培，还包括土地养护、水资源管理以及害虫防治等环节，这些过程积累了大量的原生态农业知识。重振这些技能，可以通过恢复使用古法耕种、传播有机农业的概念以及举办农耕文化节等活动。借此机会，邀请农业专家和在场的社群成员共同参与，共享耕作经验，传授传统农业技术。

制陶艺术作为传统工艺的代表，融合了美学和实用性。复兴这一艺术形式，不仅是对古代工匠技艺的致敬，更是当代工艺美术的一部分。开设制陶工作坊和展览，让公众了解陶器制作的整个过程，从泥土塑形到窑烧成型，同时为想要深入学习的人们提供专业培训。至于其他非物质文化遗产手艺，比如刺绣、编织、木工等，它们各自承载着独特的文化意义和历史故事。复兴这些手艺的首要步骤是确保知识传承的连续性。策略应包括建立非遗传承基地、开展手艺人才的选拔和培训计划，以及通过媒体传播和教育机构合作，提高社会各界对这些手艺的关注度。

社区也是复兴传统手艺的重要场所。在社区中心设立常规课程和体验馆，不仅可以吸引居民参与，更可让他们在生活中实践和体验传统技艺。这样的举措有助于增强社区成员对传统生计技能的认同感，同时鼓励社区内外的经济活动，如手工艺品的销售和展览。

四、传统知识在教育体系中的融入

传统知识的传播和教育是构建文化自信和认同感的桥梁。基于这一理念，在学校教育中融入传统知识的教学，对于培养学生的文化认同感至关重要。这不仅能够帮助年轻一代理解和欣赏自己民族的历史与文化，更能激发他们对保护和传承这些知识的责任感。实现传统知识教育融入的第一步，是对现有课程体系进行必要的调整和完善。这包括在历史、地理、美术、音乐等学科的教学大纲中加入传统知识的相关内容。例如，在历史课程中，除了讲授大事件大变革，还应当详细介绍各地的传统习俗、信仰、手工艺等，让学生了解这些传统在当地社会和文化中的作用和意义。

在教学方法上，应采用多样化的方式来激发学生的兴趣。课堂上可以通过讲故事、播放相关纪录片、组织角色扮演、模拟传统场景等互动式学习方法，让学生在参与中感受传统知识的魅力。课外活动也是传统知识融入教育体系的重要组成部分，如组织学生参观博物馆、历史建筑、工艺坊，甚至安排与传统艺术家的面对面交流，使学生更深入地体验和理解传统知识。开发专门的教材和辅导资料也是推动传统知识教育的有效手段。这些教材不应该仅仅停留在知识的介绍，而应当着重于传统知识的现实价值和应用场景。通过案例分析、项目研究等形式，让学生能够认识到传统知识在当代社会中的新生和发展潜力。同时，教师的培训和专业发展也是实现教学融合的关键。教师作为传统知识的传递者和引导者，需要通过专业培训，不断提升自身对传统文化的理解和教学方法的掌握。只有教师真正认识到传统知识的重要性，才能在教学过程中激发学生的热情，引导他们正确理解和珍视本土文化。

五、传统技能的现代应用

传统技能及其蕴含的知识体系在现代社会重新寻找应用场景和价值，不仅对于保护这些技能本身至关重要，也是现代社会与文化可持续发展的一环。面对科技发展迅猛的现代社会，我们必须积极探索传统技能的新用途，使之更具活力和时代感。

以工艺传统为例，古代的染织、陶瓷、木作等工艺技术，不应只在博物馆中沉睡，而应赋予其新生。开发与当代设计相结合的产品，用传统技艺制作符合现代审美和功能需要的艺术品和日用品。这种结合可以是形式和材料的新颖运用，例如，将传统纺织品的图案运用于当代服饰设计，或是将陶瓷技艺应用于现代餐具和装饰。在建筑领域，传统建筑技术如木结构拼接、传统石雕修复等，越来越被现代建筑师和设计师所认可和运用。在新建建筑的设计中加入传统元素，不仅能体现文化连续性，也能提供独特的视觉和文化体验。同时，利用现代科技对传统建筑材料和结构进行创新，既保留了传统技艺的精髓，又提高了建筑的实用性和环境适应性。在健康和美容产业，传统的草药知识和疗法也逐渐被融入现代产品中。研发以传统中草药为基础的护肤品和保健食品，既体现了对传统医学知识的尊重，又满足了现代消费者对天然和健康产品的需求。这要求现代研究者对传统配方进行严谨的科学分析和验证，确保其安全有效。

教育领域同样需要对传统知识的再认识。将传统技能相关的内容整合进科技、工程和艺术的教育课程中，激发学生对传统知识的兴趣和对科学技术的认识。例如，编程和机器人学习的学生，可以尝试用现代技术模拟制作古代仪器，或是在艺术设计课程中，运用传统美学原理进行创作。

传统技能的现代应用要充满创新精神，调动多领域资源，通过跨学科合作，重点研发和设计，将传统知识技能与现代社会需求相结合。这不仅能为传统技能打开新的生存空间，也丰富了现代社会的多样性和文化深度。通过这种方式，传统技能得以在现代社会找到新的定位，继续被新一代所使用和珍视。

当前国际社会对具有重要地位的传统知识的保护仍没有一个完整的国际机制，而我国关于传统知识保护的国内立法也严重滞后，这使得我国在传统知识保护的国际行动中还不具有足够的话语权，大量的中华传统知识财富被侵占和掠夺。作为传统知识具有比较优势的发展中大国，我国应当积极推动传统知识保护的国际立法与协调，并加快保护传统知识的国内立法，构建我国的传统知识法律保护体系。

结　语

　　群众文化是人民群众在职业之外，为满足自身精神文化需要而采取的文化行为，是面向社会大众的一种文艺形式，承担着启迪教育群众、增强人的审美观念、提高人的文化素养、培育人的思想品德、促进人的全面发展的重要功能。受众面最广，群众参与度最高，对群众精神文化生活的影响最大。

一、不断满足基层群众的文化需求

　　随着全民文化素养的整体提升，群众的思想越来越成熟，思维越来越活跃，对文化的需求不再局限于单纯的娱乐、健身、休闲，还有更高层次的精神追求。比如，政治文化、经济文化、科技文化、教育文化、法律文化、人文文化等，都在群众的兴趣范围之内。群众文化需求的扩大与升级，对服务者而言，也是一种新的挑战，应尽快促成观念的转变，在安排文化服务项目时，一定要满足群众的多样性需求。包括文化资源的收集、整理、统筹和配备，文化产品的开发、创新和利用，都要尽可能充实与丰富，为群众提供更多选择。

（一）要突出主角——老百姓

　　为了服务好群众，群众文化必须依靠群众、发动群众，并充分发挥人民群众的主体作用。这一理念具体体现在以下几个方面。首先，文艺创作的核心是将基层老百姓作为主角。人民群众是文艺创作的源头活水。因此，文艺创作必须从老百姓的平凡生活中挖掘出动人的故事，反映他们的伟大和善良。其次，要将作品搬上舞台，由老百姓来演绎。这需要进一步完善基层公共文化设施，为老百姓提供展示才艺的舞台。老百姓应该成为讲述身边事、表达邻里情感的主体。再次，要广泛动员老百姓来观看文艺作品。除了通过"送戏下乡""文艺巡演"等形式将群众文化产品送到群众家门口，还应创新活动形式，吸引各个年龄层次、职业群体、本地居民和外来人员积极参与。

（二）要把握主题——真善美

在文艺领域，追求真善美一直都是永恒的价值追求。然而，在当前的群众文化发展中，存在一些作品和表演中不健康、不文明的元素。为了解决这个问题，我们必须以鲜明的主题弘扬"真善美"，抵制"假恶丑"。

首先，"真"意味着真实性。群众文化的内容、形式和呈现方式都应始终遵循"三贴近"的原则，即来源于群众的生活、贴近群众的实际。只有真正关心群众、反映他们真实情感、表达他们喜怒哀乐的作品才能打动人心。其次，"善"意味着向善。我们应坚持正确的价值导向，以正面典型和正面事例为主，歌颂普通人的善举，凝聚正能量。通过这种方式，我们能够引导群众文化朝着积极向上的方向发展。最后，"美"意味着唯美性。我们需要精心选择和编排文艺节目，坚决抵制庸俗、低俗和媚俗的内容。作品在形式上应该精致精美，在表演上应该精益求精。只有展示给群众优秀的节目和作品，才能引导群众文化朝着健康向上的方向蓬勃发展。

（三）要唱响主调——时代性

每个时代都有自己的精神特征。当前，我国已经进入改革的深水区，社会矛盾日益复杂，各种思潮迸发，人们的思想活动呈现出独立性、多变性和差异性等特点。在这样嘈杂的声音中，宣传思想文化部门有责任承担起时代的使命，突显社会主流价值观，体现中国精神。我们应以群众文化活动为载体，用老百姓自己的语言、身边的事例来讲述中国的优秀故事，传播中国的正能量。通过丰富多样的文艺作品和形式，传播那些有血有肉、有道德底线、有温度的人和事。同时，我们要高举社会主义核心价值观的旗帜，将核心价值观生动活泼地融入文艺创作之中，通过作品形象向人们传递应该肯定和赞扬的价值观，以及必须反对和否定的价值观，引导群众在言谈、学习和观看中启迪思想，滋润心灵。

二、不断开拓促进文化创新的新途径

努力建设先进文化与努力发展先进生产力，是我们全面建设小康社会、实现社会主义现代化的战略任务。发展先进文化，关键在与时俱进、不断推进文化创新，开拓促进文化创新的新途径。

（一）文化创新是文化的灵魂和生命

文化的改革创新不能随心所欲，必须尊重文化自身的发展规律，适应时代发展的要求，敏锐把握时代脉搏，创造性地回答时代和实践提出的文化发展新课题。回顾中华人民共和国成立以来我国文化发展的历程，在不同历史时期，着眼于解决时代课题，我们党都提出了纲领性的文化战略，作为指导、引领、推动、规范文化建设和发展的基本方针。例如，20世纪50年代初毛泽东同志提出的百花齐放、百家争鸣"双百"方针，20世纪80年代邓小平同志提出的文艺为人民服务、为社会主义服务"二为"方向，就是这种具有时代标志的成果。中国特色社会主义进入新时代，随着实现中华民族伟大复兴中国梦的加速推进，越来越需要思想文化繁荣兴盛发挥支撑作用；随着国际文明对话与交流日趋频繁，西方价值观的消极影响凸显，我国文化软实力亟须提升。习近平总书记强调推动中华优秀传统文化创造性转化、创新性发展，科学回答了文化建设从哪里来、向哪里去，传承什么、怎样传承、谁来传承等重大问题。它标志着我们党对文化发展规律和文化发展责任、路径的认识达到一个新高度。

（二）文化创新是始终保持文化先进性的必然要求

党的二十大报告着重强调"提高全社会文明程度"，深刻把握了全面建设社会主义现代化国家的文化导向和文化功能，指明了文化强国的文明水准和社会基础，对建设社会主义文化强国，开启全面建设社会主义现代化国家新征程具有重大意义。

中国的崛起，不仅仅是一个民族国家的崛起，也是社会主义意识形态的崛起，还是中华文明的崛起。在中华民族走向伟大复兴的历史进程中，我们一定要注重塑造我国的国家形象，重点展示中国历史底蕴深厚、各民族多元一体、文化多样和谐的文明大国形象，政治清明、经济发展、文化繁荣、社会稳定、人民团结、山河秀美的东方大国形象，坚持和平发展、促进共同发展、维护国际公平正义、为人类作出贡献的负责任大国形象，对外更加开放、更加具有亲和力、充满希望、充满活力的社会主义大国形象。

（三）文化创新是全面建设小康社会的有力保证

积极发展社会主义先进文化、建设社会主义精神文明，是全面建设小康社会的必然要求。在全面建设小康社会的过程中，文化发展在经济发展和政治发展中具有同等重要的地位。我们需要追求不仅物质上的富裕，还要追求精神上的"富裕"和文化上的"富裕"。文化创新为人们提供了新的价值观念、思想信仰、行为规范和科学知识，调节和引导人们的行为，丰富人们的智慧，激发人们的创造力。通过不断推进文化创新，我们能够促进人的全面发展，弘扬和培育中华民族的民族精神。

（四）文化创新是丰富人民群众精神文化生活的重要手段

随着社会生产力的不断提升，人民群众对文化的需求量不断增加，而且这种需求日益呈现出个性化和多样化的趋势。为了在思想文化领域占据主导地位，我们必须持续推进文化创新，弘扬主旋律，倡导多样性。只有通过不断推进文化创新，我们才能塑造健康、有益的文化环境，改变落后文化，抵制腐朽文化。我们需要创造出那些既能体现中国风格，又能反映时代要求和人民心声的作品，满足人民群众的理想、愿望和审美需求。这些作品应当更加贴近实际、贴近生活、贴近群众，是我们丰富人民群众精神文化生活的优秀之作。

（五）文化创新是应对全球文化竞争、打造文化发展优势的战略选择

文化不仅是"软实力"，也是"硬实力"，正在成为综合竞争力的重要组成部

分。失去文化竞争优势将意味着失去政治优势，甚至导致政治影响力的衰退或丧失。然而，在当今世界，文化的生存和发展所依赖的物质基础、社会环境和传播条件都发生了深刻变化，这给文化的发展带来了严峻的挑战。在新形势下，我们必须不断推进文化创新，迅速建立文化优势，打造文化强国。只有这样，我们才能在更加开放的环境中建设中国特色社会主义文化，捍卫中国文化在激烈的国际文化竞争中的战略利益。我们要在融入世界文化的同时保持自身特色，扩大民族文化的生存空间。

三、不断广泛开展群众性文化活动

要广泛开展群众性文化活动，这是丰富人民文化生活、满足人民文化需求的重要途径，对推动社会主义文化大发展大繁荣具有重要意义。

(一) 用好平台，充分发挥各类公共文化服务设施的作用

公共文化服务设施是开展群众性文化活动的基础。在改革开放 40 多年的发展历程中，我国在公共文化基础设施建设方面取得了显著成就，我们逐步建立了城乡覆盖的公共文化服务体系，重点推进了相关文化惠民工程。全国文化信息资源共享工程，是文化部、财政部共同组织实施的一项国家文化创新工程。目前，中央和地方各级财政为全国文化共字工程建设投入累计已超过 150 亿元，全国已建成 207 个专题资源库，其数字文化信息资源达到了海量的 92TB(约合 2300 万册图书)，服务基层群众约 7 亿人次。为了充分发挥这些设施的作用，各地各部门应积极组织各具特色的群众性文化活动，吸引更多的群众参与。《决定》提出了进一步完善基层公共文化服务设施、构建覆盖城乡、结构合理、功能完善、实用高效的公共文化服务体系的要求。特别是要重点关注农村和中西部地区，加强县级文化馆、图书馆、乡镇综合文化站、村文化室的建设，深入实施广播电视村村通、文化信息资源共享、农村电影放映、农家书屋等文化惠民工程。还要加大对革命老区、民族地区、边疆地区、贫困地区文化服务网络建设的支持和帮扶力度，

加强社区公共文化设施建设，完善面向妇女、未成年人、老年人、残疾人的公共
文化服务设施。同时，各类公共场所也应提供便利，支持群众性文化活动的开展。
这些政策和举措的实施将为群众性文化活动提供更广阔的平台。各地应坚持硬件
建设与软件建设同步推进，注重项目建设与运行管理的协调，整合资源，提高各
类公共文化设施在开展群众性文化活动中的综合效益。

**（二）拓宽渠道，多开展内容健康、形式活泼，群众乐于参与、便于参与的
文化活动**

文化活动作为丰富群众精神生活、促进社会和谐发展的重要载体，其开展的
质量和效果直接关系到群众的文化获得感和幸福感。

首先，要打破传统的思维定式和活动组织模式，积极探索和利用各种资源和
平台来举办文化活动。这包括与政府部门、企业、社会组织、学校等各方合作，
充分整合和调动社会各界的力量。例如，可以与当地的文化企业合作，共同举办
文化展览、演出等活动，借助企业的资金和市场运作能力，提升活动的规模和影
响力；还可以与学校合作，开展文化进校园活动，利用学校的场地和学生资源，
组织各类文化比赛和讲座。

其次，文化活动的核心要求是"内容健康"。健康的内容能够传递积极向上
的价值观，激发人们的正能量，促进社会的文明进步。比如，举办以爱国主义、
社会主义核心价值观为主题的演讲比赛、征文活动，通过讲述身边的感人故事，
弘扬社会正气；组织以传承中华优秀传统文化为主题的文化节，展示传统技艺、
民俗风情，增强民族自豪感和文化自信。

再次，"形式活泼"则要求在活动的表现形式上创新求变，摆脱单调乏味的
模式。运用现代科技手段和创意元素，让文化活动更具吸引力。比如，利用虚拟
现实（VR）、增强现实（AR）技术打造沉浸式的文化体验项目，让观众仿佛身
临其境；将文化与游戏相结合，开发具有文化内涵的线上线下游戏活动，使参与

者在娱乐中学习和感受文化的魅力。

最后，群众"乐于参与"是衡量文化活动成功与否的重要标准。只有真正满足群众的兴趣和需求，才能激发他们的参与热情。这就需要在活动策划前充分了解群众的喜好和期望，进行有针对性的设计。比如，对于年轻人，可以举办流行音乐演唱会、动漫展等活动；对于中老年人，可以组织广场舞大赛、戏曲表演等。同时，通过设置有趣的互动环节、奖励机制，提高群众的参与度和积极性。"便于参加"则强调要消除参与活动的各种障碍，为群众提供便利条件。在时间安排上，充分考虑群众的工作和生活节奏，避免与繁忙时段冲突；在地点选择上，尽量选取交通便利、易于到达的场所；在报名方式上，简化流程，提供多种报名渠道，如线上报名、现场报名等。

（三）完善措施，鼓励和支持群众在文化建设中自我表现、自我教育、自我服务

鼓励群众自我表现是激发文化创造力的关键。每个人都拥有独特的才华和创意，而给予他们展示的机会和平台，能够释放出巨大的文化能量。比如，社区可以举办才艺表演活动，让居民们有机会展现自己的歌唱、舞蹈、乐器演奏等才能；乡村可以组织民俗文化展示，让农民展示传统手工艺、民间故事讲述等方面的技艺。

自我教育在文化建设中起着润物无声的作用。当群众积极参与文化活动时，他们在不知不觉中接受着知识的熏陶和思想的启迪。例如，组织读书分享会，参与者可以交流读书心得，从他人的见解中获取新的思考角度，从而深化对书籍内容的理解；开展文化主题的讨论活动，让群众就某个文化现象或社会问题发表自己的看法，在观点的碰撞中提升对事物的认识和判断能力。

自我服务则是构建文化共同体的重要方式。群众通过自愿参与文化活动的组织、策划和执行，不仅为他人提供了服务，也增强了社区或群体的凝聚力和归属感。比如，在社区成立文化志愿者团队，负责组织文化活动、维护文化设施等工

作；在农村，村民们自发成立文化合作社，共同传承和发展当地的特色文化。

为了完善相关措施以实现上述目标，政府和社会各界需要共同努力。政府可以制定和出台鼓励群众参与文化建设的政策，提供资金支持和资源保障。例如，设立文化发展专项资金，对群众自发组织的优秀文化项目进行扶持和奖励；提供免费或低价的文化活动场地和设备，为群众开展活动创造条件。

参考文献

一、专著

[1] 戴艳清. 基于用户体验的公共数字文化服务营销研究 [M]. 北京：知识产权出版社，2020.

[2] 魏和清，李燕辉. 我国公共文化服务的测度理论、方法与实践 [M]. 北京：经济管理出版社，2019.

[3] 李娟，傅利平. 公共文化服务水平综合评价研究 [M]. 北京：经济科学出版社，2017.

[4] 董德民. 公众感知政府公共文化服务质量评价研究 [M]. 北京：经济科学出版社，2017.

[5] 傅才武. 近代中国国家文化体制的起源、演进与定型 [M]. 北京：中国社会科学出版社，2016.

[6] 郑楚森. 转型时期公共文化服务创新研究 [M]. 杭州：浙江大学出版社，2016.

[7] 文陶斯. 化经济学 [M]. 大连：东北财经大学出版社，2016.

[8] 冯佳. 公共文化服务制度建设研究 [M]. 北京：国家图书馆出版社，2015.

[9] 公黄明涛. 民文化权研究 [M]. 北京：中国政法大学出版社，2015.

[10] 徐玲. 传播学视角下的现代公共文化服务体系构建 [M]. 北京：国际文化出版公司，2015.

[11] 张建春，金才汉. 浙江省群众文化活动品牌研究 [M]. 杭州：浙江大学出版社，2014.

[12] 陈瑶. 公共文化服务 [M]. 杭州：浙江大学出版社，2012.

[13] 曹爱军，杨平. 公共文化服务的理论与实践 [M]. 北京：科学出版社，

2011.

[14] 王周户 . 公众参与的理论与实践 [M]. 北京：法律出版社，2011.

[15] 叶取源，王永章，陈昕 . 中国文化产业评论 [M]. 上海：上海人民出版社，2007.

[16] 李景源，陈威 . 中国公共文化服务发展报告 [M]. 北京：社会科学文献出版社，2007.

[17] 罗争玉 . 文化事业的改革与发展 [M]. 北京：人民出版社，2006.

[18] 姜华 . 大众文化理论的后现代转向 [M]. 北京：人民出版社，2006.

[19] 王文章 . 非物质文化遗产概论 [M]. 北京：文化艺术出版社，2006.

[20] 田川流，等 . 中国文化艺术可持续发展研究 [M]. 济南：齐鲁书社，2005.

[21] 薛晓源，曹荣湘 . 全球化与文化资本 [M]. 北京：社会科学文献出版社，2005.

[22] 李豫闽 . 艺术文化学 [M]. 福州：海潮摄影艺术出版社，2005.

[23] 周爱宝 . 群众文化基础知识 [M]. 北京：高等教育出版社，2004.

[24] 郑永富 . 群众文化学 [M]. 北京：中国国际广播出版社，2001.

二、期刊

[1] 黄丽 . 群众文化工作中传统文化的融合研究 [J]. 文化产业，2023(10).

[2] 刘亚秋，张剑 . 农村文化自组织困境的经济动因研究 [J]. 经济问题，2023(04).

[3] 许晓霞 . 广场舞在群众文化建设中的地位和作用分析 [J]. 戏剧之家，2023(07).

[4] 高源 . 试论群众文化在促进旅游发展中的作用 [J]. 文化产业，2022(34).

[5] 陈福英 . 新时代群众文化活动价值和组织策略探析 [J]. 文化创新比较研究，2022(34).

[6] 易明，余非凡，冯翠翠 . 文化自信视域下的公共图书馆服务满意度影响因

素研究 [J]. 图书馆论坛，2022(03).

[7] 李欣 . 群众性文化体育活动的文化价值及其提升对策 [J]. 商业文化，2021(20).

[8] 尹波 . 公共文化服务与群众文化活动建设分析 [J]. 文化产业，2021(27).

[9] 完颜邓邓，王文斐 . 公众参与公共数字文化建设的实践探索与推进策略 [J]. 国家图书馆学刊，2020(03).

[10] 蔡茜 . 浅析群众文化活动的策划与创意 [J]. 科技资讯，2020(08).

[11] 王燕鸣 . 公共文化产品服务供给与运营机制创新：以山东省的实践为例 [J]. 青年记者，2020(14).

[12] 王东，许亚静 . 供需错位：社会关系视角下农村公共文化产品供给问题研究：基于豫西 J 村的田野观察 [J]. 图书馆，2019(12).

[13] 李少惠，王婷 . 我国公共文化服务政策的价值识别及演进逻辑 [J]. 图书馆，2019(09).

[14] 胡学荣，赵媛媛 . 公共文化服务视角下粤西广场舞公共文化服务现状及策略研究 [J]. 体育世界 (学术版)，2019(07).

[15] 李国新，李阳 . 文化和旅游公共服务融合发展的思考 [J]. 图书馆杂志，2019(10).

[16] 吴理财，解胜利 . 中国公共文化服务体系建设 40 年 : 理念演进、逻辑变迁、实践成效与发展方向 [J]. 上海行政学院学报，2019(05).

[17] 史维涛 . 新形势下人民群众的精神文化需求与文化服务供给研究 [J]. 大众文艺，2019(24).

[18] 程萍 . 农村公共文化服务多元供给系统的构建 : 以江苏省为例 [J]. 编辑之友，2018(09).

[19] 谭好哲 . 马克思 "艺术生产" 论的理论视域与当代意义 [J]. 清华大学学报 (哲学社会科学版)，2018(05).

[20] 谢守成, 张崔英. 论新时代中国特色社会主义文化思想对马克思主义文化观的继承与发展 [J]. 江汉论坛, 2018(10).

[21] 王世友, 雷军蓉, 张继生, 彭响. 新时代我国民俗体育文化品牌塑造研究 [J]. 体育文化导刊, 2018(07).

[22] 靳亮, 纪广斌 公共文化服务市场化背景下政府如何扮演 "精明的买主" 角色 [J]. 理论与改革, 2017(06).

[23] 胡冬文. 关于公共文化服务背景下群众文化活动品牌的建设分析 [J]. 艺术评鉴, 2017(07).

[24] 论尹思鸥. 广场舞对群众文化建设的作用 [J]. 中国民族博览, 2016.

[25] 高照成. 马克思主义当代价值的阐释: 论特里·伊格尔顿的《马克思为什么是对的?》[J]. 江南大学学报 (人文社会科学版), 2016(11).

[26] 傅才武, 蔡武进. 文化权利论 [J]. 中国文化产业评论, 2015(01).

[27] 吴理财, 邓佳斌. 公共文化参与的偏好与思考: 对城乡四类社区的考察 [J]. 中华文化论坛, 2014(08).

[28] 文化部关于印发《文化部 "十二五" 时期文化改革发展规划》的通知 [J]. 中华人民共和国国务院公报, 2012(25).

[29] 胡守勇. 社会转型期群众文化建设的实质、困境与方略 [J]. 民族艺术研究, 2011(06).

[30] 陈志文. 浅谈新形势下群众文化的建设与发展 [J]. 改革与开放, 2011(20).

三、报纸

[1] 丁鑫. 以开放性展现理论创新活力 [N]. 经济日报, 2022-10-06.

[2] 曹玲娟. 艺术的节 开放的城 [N]. 人民日报, 2018-11-22.

[3] 习近平. 决胜全面建成小康社会 夺取新时代中国特色社会主义伟大胜利 [N]. 人民日报, 2017-10-28.

[4] 陈飞龙. 关于马克思恩格斯的文化思想 [N]. 文艺报, 2014-11-24.

[5] 陈建一 . 推动群众文化大发展大繁荣 [N]. 中国文化报，2008-02-20.

[6] 本报评论员 . 推动大发展大繁荣 兴起文化建设新高潮 [N]. 人民日报，2007-11-12.

[7] 李婷 . 乡村老旧空间创意再造，百姓家门口涌现"文化客厅"[N]. 文汇报，2019-08-08.